山东理工大学人文社会科学发展基金资助出版

阿多诺道德哲学研究

丁乃顺 著

中国社会科学出版社

图书在版编目(CIP)数据

阿多诺道德哲学研究/丁乃顺著.—北京：中国社会科学出版社，
2015.12
ISBN 978 - 7 - 5161 - 7061 - 8

Ⅰ.①阿…　Ⅱ.①丁…　Ⅲ.①阿多诺,T. W. (1903～1969)—
伦理学—研究　Ⅳ.①B516.59②B82

中国版本图书馆 CIP 数据核字(2015)第 268333 号

出 版 人　赵剑英
责任编辑　周晓慧
责任校对　无　介
责任印制　戴　宽

出　　　版　中国社会科学出版社
社　　　址　北京鼓楼西大街甲 158 号
邮　　　编　100720
网　　　址　http://www.csspw.cn
发 行 部　010 - 84083685
门 市 部　010 - 84029450
经　　　销　新华书店及其他书店

印　　　装　北京金瀑印刷有限责任公司
版　　　次　2015 年 12 月第 1 版
印　　　次　2015 年 12 月第 1 次印刷

开　　　本　710×1000　1/16
印　　　张　10.5
插　　　页　2
字　　　数　183 千字
定　　　价　42.00 元

目　录

导　论

一　论题缘起

对于阿多诺哲学思想的理解，可谓"仁者见仁，智者见智"。因为他的理论所涉领域宽泛、语言晦涩、思想深刻。然而，他"无调式"的格言表达，论题的文学化色彩、"星丛式"的诗话文本，又使人望而却步。但是，对理论研究的人而言，越是这样的哲学家的理论，似乎越能够给人一种学习和批判的动力。可是，如何通过他"格言"式、"星丛"式话语的隐喻，反思他或简洁明快、或深涩隐晦的论述中所隐藏的思想内涵，便成为研究阿多诺哲学思想不能轻易越过的一道坎。这一点正如德国哲学家君特·费伽尔①所言："一个偏好格言风格的思想家，要么直接道出他的基本思想，要么根本不将它说出来。他将它们掩藏在各种可能的视角和通道的多重性之中，掩藏在各种演说都不可穷尽的多样性之中；或者，他就以格言的方式将其总结为简明的、其原理性不容置疑的命题。"②

国内外学界对阿多诺的评价可谓莫衷一是。有人说他是西方马克思主义的集大成者，有人说他是西方马克思主义的终结者和后马克思主义的开启者。的确，就批判理论而言，阿多诺的"崩溃的逻辑"终结了西方马克思主义坚持理性批判的传统，而走向了彻底的批判与否定。同

---

① 君特·费伽尔是德国弗莱堡大学教授，海德格尔协会主席，从事形而上学、现象学和解释学研究。

② ［德］君特·费伽尔：《论非同一物——阿多诺的辩证法》，谢永康译，《求是学刊》2009年第1期。

时，他对后马克思主义关于人学的转向可谓功不可没。从阿多诺著作来看，其中所体现出的批判性和否定性精神，在辩证法、本体论、道德哲学、音乐哲学和审美哲学方面，无不开启着批判性的导向作用。难怪马丁·杰伊认为，阿多诺的任何一本著作都是其批判思想的全部。由于阿多诺理论的综合性和"星丛式"的独特性，对于研究西方马克思主义的人而言，无论从哪个领域挖掘和探讨，多少可见其思想的深度和灵光。

研究阿多诺的道德哲学，虽然是进入阿多诺思想的最佳入口，但由于道德问题关乎人类社会的精神整体和具体生活，又由于道德哲学对人类精神现象本质的抽象概括和分析，以及在分析和概括中所展示的启迪性，还由于阿多诺的理性批判就整体而言，是围绕社会的无道德性而展开的，因此，研究阿多诺的道德哲学无疑有助于管窥阿多诺的哲学整体。进而言之，阿多诺在其主要著作中都有关于道德哲学的论述，并从很多重要的现代道德哲学理论中引出一些有说服力的见解，因此，梳理和挖掘其理论并阐释其内在意蕴，能够让我们在搭建阿多诺道德哲学理论框架的同时，看清其道德哲学的全貌。但是，一旦我们这样做了，是否又有违阿多诺哲学的理论诉求——反体系。这无疑是研究阿多诺哲学的一个"悖论"，但这个悖论是我们发掘阿多诺道德哲学不能不面对的，因为把握思想离不开概念范畴的梳理和逻辑的整合，也就必然会涉及理论架构的问题。因此，当我们要呈现阿多诺散见于其哲学著作中的道德哲学思想，将其精神要旨和理论诉求表达出来时，就必须在"客观的文本"和"主观的概念范畴"二者的关联中，建立一个相对合理的中介，这正如阿多诺认为主客体之间需要一个"客观性中介"一样，"这种中介总要涉及某种被中介的东西，没有这种东西就不会有任何中介；相反，没有中介就没有被中介的东西则带有一种纯粹私人的和认识论的特点：说明没有中介我们就无法定义事物，差不多等于是说，思考某物就是思考。"① 这个"中介"在阿多诺道德哲学中，就是其倚重康德道义论所阐发出的道德哲学思想。因此，一方面，要从历史、社会和

---

① ［德］阿多尔诺：《否定的辩证法》，张峰译，重庆出版社 1993 年版。阿多尔诺即阿多诺。——引者

文本的交织中把握阿多诺理论的基本脉络；另一方面，通过对其理论脉络的把握，借助他对康德道义论的阐释而揭示其道德哲学的内容，并进而认识其实质。这便是本书的基本思路。

从文本来看，阿多诺关于道德哲学的思考始自《最低限度的道德》和《启蒙的辩证法》。其后，他在法兰克福大学开设了关于道德哲学和伦理学的课程，课程本身就是他继续研究的重要体现。他讲授的内容涵括从古代亚里士多德的伦理学到近代康德、尼采等哲学家的道德思想。讲课内容是阿多诺在研究了这些哲学家的思想主旨后所形成的他自己的相关见解。其中，康德对阿多诺的影响尤其明显，阿多诺与康德哲学的"结缘"从他青年时期在导师的影响下研习康德的《纯粹理性批判》[1]中便可窥见。20世纪五六十年代，他曾主讲康德的第一批判（《康德的纯粹理性批判》）和康德的道德哲学。其间，阿多诺基于康德道德哲学的基本主线，并借助于这一"工具"，反思了现代社会的道德诉求，并对现代社会的无道德性进行了批判。不仅是道德哲学，而且在阿多诺整个哲学中我们都可以看到康德的"身影"：无论在《启蒙的辩证法》还是在《否定的辩证法》中，康德的思想都具有重要的影响。在1963年关于《道德哲学的问题》的讲课中，阿多诺以康德的道德哲学为先导，把康德道德哲学作为一般的道德哲学问题来探讨。可以说，康德的道德哲学对阿多诺的道德思考影响极深，并且由康德道德哲学来论述黑格尔的伦理学，以此说明康德与黑格尔哲学的区别。

阿多诺道德哲学思想在其不同时期的著作中不时有所显现，从《最低限度的道德》到《道德哲学的问题》，再到《否定的辩证法》皆可寻觅其踪迹。阿多诺道德哲学思想丰富，不仅对康德道义论进行诠释，而且在对现代哲学家（如黑格尔、尼采、海德格尔等）的道德思想理解中提出自己独到的见解。本书以"道德哲学"为主线，梳理和挖掘阿多诺哲学中的道德思想以展现其道德哲学的基本面貌，揭示其中所蕴含的对现代社会道德现状、对现实社会非道德性的批判所投射出的强烈的现实性和人文关怀。期冀通过这种研究和探讨，表明阿多诺的道

---

[1] Theodor W. Adorno, *Kant's Critique of Pure Reason*, edited by Rolf Tiedemann, translated by Rodney Livingstone (Stanford California, Stanford University Press, 2001).

德哲学思想对中国特色社会主义的道德理论建设和道德实践所具有的意义。对此，正如一位学者所言："更可贵的是，阿多诺还指出，道德哲学是与人们生活实践密不可分的学问，不考虑我们生活世界的政治制度、经济发展、文化建设和其他诸方面情况而孤立地空谈道德伦理，无论在理论上还是在实践上都是行不通的。"①

二　研究状况

（一）国外研究状况

对阿多诺哲学思想的研究，除了以哈贝马斯为代表的第二代法兰克福学派的学者外，还有一些非西方马克思主义的西方思想家。研究时间可追溯到 20 世纪 70 年代。在阿多诺于 1969 年去世后，他的部分手稿和讲演录音被编辑出版，但是重新理解阿多诺的哲学思想及对其的研究则是在 20 世纪 90 年代展开的。之所以如此，可能是因为两个原因：一是阿多诺的著作相继被出版；二是阿多诺思想的穿透力。国外的阿多诺研究不仅有人物传记，更多的则涉及他的道德哲学、社会哲学、音乐哲学、审美等领域。

1. 人物传记的研究

这些人物传记既包括他的学生的回忆，也有著名思想史家的著述。首先是一些西方著名思想家的著述。如马丁·杰教授作为著名的思想史家，写了《阿多诺》②，这本著作是英语世界了解阿多诺思想的必读书，在英语世界有着广泛的影响力。它通过说明阿多诺各个时期的思想变化和著述，较为明晰地阐述了阿多诺整个思想的变化过程。其次是阿多诺学生对老师的回忆性传记。出于对老师的情感，学生们的记述各有不同，有人侧重于社会批判方面，有人侧重于思想变革方面，由此呈现出阿多诺理论的不同侧面。如耶格尔的《阿多诺：一部政治传记》③ 比较

---

① ［德］T. W. 阿多诺：《道德哲学的问题》，谢地坤、王彤译，谢地坤校，人民出版社 2007 年版，译者导言第 7 页。

② Martin Jay, *Adorno*（Cambridge, Harvard University Press, 1984）.

③ ［德］洛伦茨·耶格尔：《阿多诺：一部政治传记》，陈晓春译，上海人民出版社 2007 年版。

侧重于阿多诺不同时期思想的变化；克劳森的传记则比较注重私人感情；缪勒·多姆的传记则力求对阿多诺的整体思想做出全面的介绍。再次是后学对阿多诺重要著作的介绍和评述，如格尔哈特·施威蓬豪依塞尔的《阿多诺》①。这位在 20 世纪 60 年代出生的后学，在其著作中既对阿多诺的思想做了分部评述，又对阿多诺的思想整体展开了详细介绍，还对其哲学思想的各个方面进行了具体阐释。最后还有如马丁·杰《辩证的想象——法兰克福学派史》② 等一些关于法兰克福学派史的著作，从法兰克福学派的形成与发展、理论的主旨形成与演进以及思想与社会的互动进行了通论式的研究。

2．各个哲学部分的研究

这方面有侧重于某部著作的专门研究，如对《启蒙的辩证法》《否定的辩证法》的解释；有的侧重于对其著作所产生的影响的反思性研究，如哈贝马斯在《现代性的哲学话语》中，关于神话与启蒙、启蒙理性的论述，主要谈及两个主题："（1）对现代性的评价引起了一些问题，从而让我注意到了当下状况：霍克海默和阿多诺为什么力图以激进的方式阐明启蒙；（2）尼采是主张让意识形态批判通过总体化实现自我超越的伟大楷模。"③ 德国的学者阿梅龙和狄安涅以及刘森林主编的《法兰克福学派在中国》④ 收录了霍奈特等人的著作，针对霍克海默与阿多诺的《启蒙的辩证法》展开了一些讨论。君特·费伽尔的《论非同一物——阿多诺的辩证法》⑤ 关于阿多诺否定的辩证法的诠释相当透彻。还有就是注重晚年阿多诺所关注的相关哲学问题讲演录的研究。阿多诺的讲演中所涉及的论题和哲学人物较多，因此形成了对阿多诺某个哲学领域的研究。如纽约新学院 J. M. 伯恩斯坦（J. M. Bernstein）的

---

① ［德］格尔哈特·施威蓬豪依塞尔：《阿多诺》，鲁路译，中国人民大学出版社 2008 年版。

② ［美］马丁·杰：《辩证的想象——法兰克福学派史》，单世联译，广东人民出版社 1996 年版。

③ ［德］于尔根·哈贝马斯：《现代性的哲学话语》，曹卫东译，译林出版社 2011 年版。

④ ［德］阿梅龙、狄安涅、刘森林主编：《法兰克福学派在中国》，社会科学文献出版社 2011 年版。

⑤ ［德］君特·费伽尔：《论非同一物——阿多诺的辩证法》，谢永康译，《求是学刊》 2009 年第 1 期。

*Adorno：Disenchantment and Ethics*①，这本著作被列入剑桥大学现代欧洲哲学系列丛书，本书通过研究阿多诺在不同时期对道德和伦理问题的关注，较为详尽地探讨了阿多诺道德哲学或伦理学的内容，其研究背景资料主要以阿多诺的《启蒙的辩证法》《最低限度的道德》《否定的辩证法》等为主，对阿多诺的《道德哲学的问题》《康德纯粹理性批判》以及其他著作则涉及不多。该书主要论述了阿多诺关于现代社会无道德性的思想，西方现代道德哲学主要流派无法归类阿多诺的道德哲学或伦理学。该书的理论聚焦于阿多诺现代社会的批判视角，并以此梳理阿多诺伦理思想和反思现代西方社会的道德哲学诉求。Yvonne Sherratt 的《Adorno Positive Dialectic》② 以阿多诺的辩证法为主线，说明了阿多诺否定的辩证法在本体论和形而上学方面搭建了一个新的认识架构。阿多诺强调辩证法的否定性，并给出了一个新的认识架构，这具有肯定性意义。格尔哈特·施威蓬豪依塞尔写过一篇论文《有一种"虚假生活中的替代性生活"吗》，该文阐明了阿多诺批判现代社会虚假性、无道德性的思想，注意到了阿多诺的道德观点与康德道德哲学的相近性。在《多元视角与社会批判：今日批判理论》③ 上卷中，德国学者集中就阿多诺的本体论和道德思想进行了阐述，这是进行专题式研究的重要成果。

（二）国内研究现状

近二十年来，国内阿多诺思想的研究已经从最初的起步阶段（翻译著作），步入了相对专门和深入的研究阶段，除了有阿多诺的著作翻译外，还有相关哲学分部研究著作面世。

1. 阿多诺重要著作的翻译

（1）《否定的辩证法》④

---

① J．M．Bernstein，*Adorno：Disenchantment and Ethics*（Cambridge，Cambridge University Press，2001）.

② Yvonne Sherratt，*Adorno Positive Dialectic*（Cambridge University Press，2004）.

③ ［德］格尔哈特·施威蓬豪依塞尔等：《多元视角与社会批判——今日批判理论》上卷，人民出版社 2010 年版。

④ ［德］阿多尔诺：《否定的辩证法》，张峰译，重庆出版社 1993 年版。

该译本从英译本翻译而来，从整体上看，是符合阿多诺思想的。但由于阿多诺的晦涩语言和文学化表达方式，文中难免有些地方翻译得不够准确。

（2）《启蒙的辩证法》①

该译本根据英德两个版本进行翻译，被学界誉为一本准确而精当的译作。

（3）《法兰克福学派论著选辑》②

该译者涉及阿多诺4篇文章，包含《弗洛伊德理论和法西斯主义的宣传程式》《主体与客体》《知识社会学及其意识》《〈否定的辩证法〉导言》，基本上是国内阿多诺研究的必备版本，译文翻译得比较准确。

（4）《权力主义人格》③

该著作是心理学著作，译本非常专业。

（5）《道德哲学的问题》④

该译本的翻译直接来自德文，并且是出自哲学专业的老师所译，对阿多诺的思想和康德哲学的把握都相当准确，不过，一些专业名词与现代国内术语可能有些许差别。

2. 阿多诺思想的研究著作和文章

关于阿多诺思想的研究著作主要有：

（1）《无调式的辩证想象》（张一兵著，2001）。该书在对阿多诺思想做整体理解的基础上，以批判理论为主旨，展开了对《否定的辩证法》的解读，为国内学人研究阿多诺的思想开辟了路径。因为否定的辩证法是阿多诺最为重要的思想总结，所以该书是国内进行阿多诺思想专题研究的基础。

（2）《"崩溃的逻辑"的历史建构》（张亮著，2003）。该书对阿多诺前期的一些著作展开了解读，为研究阿多诺的整体思想架构提供了

---

① ［德］马克斯·霍克海默、西奥多·阿道尔诺：《启蒙的辩证法》，渠敬东、曹卫东译，上海世纪出版集团2006年版。

② 上海社会科学院哲学研究所外国哲学研究室编译：《法兰克福学派论著选辑》，商务印书馆1998年版。

③ ［美］西奥多·W. 阿道诺：《权力主义人格》，李维译，浙江教育出版社2002年版。

④ ［德］T. M. 阿多诺：《道德哲学的问题》，谢地坤、王彤译，谢地坤校，人民出版社2007年版。

帮助。

（3）《阿多诺的"否定辩证法"研究》（赵海峰著，2001）。该书对阿多诺的否定辩证法进行了哲学史的探寻，并且对否定的辩证法的主要内容进行了阐述。

（4）《否定的现代性——理解阿多诺》（陈胜云著，2005）。该著从现代性角度论述阿多诺批判现代社会的意义，从阿多诺各种著作中吸取材料和挖掘根源，可谓研究阿多诺现代性思想的重要作品，为我们研究阿多诺的现代性思想开辟了路径。

（5）《形而上学的批判与拯救——阿多诺否定辩证法的逻辑和影响》（谢永康著，2008）。该著是研究阿多诺否定的辩证法的最为上乘之作。作者精通德语，从最新德语资料和中文资料出发，对阿多诺否定的辩证法做了哲学史上的定位和解读，并且从形而上学维度对经验社会进行了反观，突出阿多诺否定的辩证法的主旨与意义，最后对阿多诺哲学的学术影响进行了论证和阐释。该书为国内研究阿多诺思想提供了新的研究资料和整体性理解阿多诺的架构。

关于阿多诺道德及伦理思想研究的重要文章有：

（1）《从道德的"至善"到道德的"底线"》（谢地坤撰，2002）。该文由阅读阿多诺的《道德哲学的问题》而写①，阐明了阿多诺道德哲学思想虽然没有由专著呈现出来，但阿多诺对康德道德哲学的诠释本身，就能够说明阿多诺道德哲学的基本思想主旨，对研究阿多诺道德哲学具有启迪意义。

（2）《道德的底线与普世伦理学》（谢地坤撰，2004）。该文通过阐释阿多诺的道德思想和普世伦理的关系，说明了阿多诺的辩证法思想是评判道德观念和道德哲学的不可或缺的思想方法，对当今时代普世伦理与民族国家伦理规范的普遍性与特殊性的关系具有重要意义。

（3）《阿多诺非同一性观念对统治的批判》（鲁路撰，2001）。该文虽然以阿多诺否定的辩证法对非同一性的强调为主线，但也说明了阿多诺道德思想对康德和尼采的承继关系，并且认为阿多诺的辩证法思想

---

① 与此同类的文章还有《阿多诺的另一副"面孔"》（钟金玲撰）和《阿多诺论述康德道德哲学的基本问题》（张典撰）。

是马克思批判理论的继承。

(4)《论霍克海默和阿多诺对启蒙道德的批判》（王雨辰撰，2010）。该文主要以霍克海默和阿多诺对启蒙的激进式批判为主线，揭示了启蒙之后阿多诺批判的启蒙理性的变异所造成的权威主义道德，指出了阿多诺批判现实社会的思想和追求自由独立的人格。

这些著作和文章围绕着阿多诺否定的辩证法与启蒙的辩证法而展开，并且涉及阿多诺道德哲学的重要内容，为我们研究阿多诺道德哲学展示了相关图景。就深度而言，这些著作和论文为我们把握阿多诺哲学的主旨开辟了通路。此外，还有一些以法兰克福学派和关于哈贝马斯的文章也涉及关于阿多诺思想的研究。①

尽管国内外对阿多诺哲学思想的研究成果丰硕，但也存在着一些不足。具体表现为研究范围有待拓展。国内外研究都把《否定的辩证法》和《启蒙的辩证法》作为研究的重点，主要论题侧重于对其理论内部的合理性展开说明，而较少从阿多诺哲学思想的整体视域阐明这两本著作的理论意义。在阿多诺哲学研究中，相对忽略英语世界研究者的重要成果。如 J. M. 伯恩斯坦和舍拉特对阿多诺的伦理思想和辩证法的理论意义与现代西方哲学的相关内容做了比较，从中阐释阿多诺哲学在道德哲学和认识论方面的意义。在关于阿多诺的研究中，有关阿多诺个人传记的著作虽然很多，但多对阿多诺的生平进行年代史的描述，而对阿多诺重要思想的形成原因与思想内容进行专题论述得较少。在关于《否定的辩证法》的研究方面，存在着较多注重形而上学部分相对忽视其他部分的问题。当然也有例外，如《无调式的辩证想象》和《形而上学的批判与拯救——阿多诺否定辩证法的逻辑和影响》没有停留于一隅而是对阿多诺的思想进行了全面的探讨。

此外，在对阿多诺否定辩证法的研究中，相对忽视了阿多诺批判理论的基点，阿多诺对社会无道德性或社会生活的论述被以交换原则为同一性的思维逻辑所统治，这是他进行辩证法研究的基本观点。通过阿多

---

① 如欧力同、张伟的《法兰克福学派研究》，傅永军的《法兰克福学派的现代性理论》，王凤才的《批判与重建——法兰克福学派文明论》，仰海峰的《西方马克思主义的逻辑》，陈士部的《法兰克福学派批判理论的历史演进》，陈爱华的《法兰克福学派科学伦理思想的历史逻辑》等。

诺的著作和社会实践，从而在一定程度上减弱了对否定的辩证法现实意义的认识。基于上述因素，本书尝试不仅从形而上学维度，而且从其他视角进入阿多诺哲学，以便在呈现阿多诺哲学思想中揭示其道德哲学的内涵，在挖掘阿多诺的合理性中力求避免对阿多诺的过度诠释问题。

三 研究思路

阿多诺哲学的主旨在于"反体系"。然而，研究阿多诺的道德哲学，似乎又陷入了"体系"的框架中，二者之间的"悖论"让研究者颇感踌躇。但是，理论研究又不离开概念、范畴与逻辑的整合，也逃脱不了理论体系的"束缚"。否则，研究对象就无法客观地被呈现出来。因此，本书按照理论研究的客观要求，在梳理和阐释阿多诺道德哲学思想的过程中，力图勾勒其道德哲学的概貌，虽有违阿多诺哲学的主旨却又不能不如此。本书从下述几个方面展示阿多诺道德哲学的基本内容：

第一，阐明阿多诺道德哲学的起点。起点可分为两个方面加以阐述：一是阿多诺道德哲学的现实起点。围绕阿多诺关于现代社会是"错误的生活中不存在正确的生活"的论断进行说明，即所谓"错误的生活"的状态。通过阐述阿多诺说明文化工业的虚假繁荣和反犹主义的普遍化，对现代社会的无道德性和忽视主体存在意义的揭示，说明阿多诺是如何通过批判现实社会而寻求其道德哲学内容起点的。二是阿多诺道德哲学的理论起点。即围绕阿多诺对启蒙理性的变异、工具理性何以成为社会生活中占统治地位的思维逻辑、价值理性如何在以交换原则为同一性的社会中被忽略等的揭示，凸显阿多诺对同一性逻辑的批判及其价值，以及这一批判何以成为其道德哲学的理论起点。

第二，阐明阿多诺道德哲学的基点。着重说明由于阿多诺思想对康德哲学的倚重，康德道德哲学是怎样被阿多诺视为研究道德哲学的"工具"的。指出这个"工具"在阿多诺那里的作用，一是关系到话语转换，即阿多诺是如何借助康德道义论而拒斥功利主义的。二是阐明康德道义论的思想主旨，即其理论背景和理论主旨，这关系到近代西方社会和启蒙运动时期重要的价值观念。三是阐明阿多诺如何赋予康德道义论以理论意义，或者说，阿多诺将康德道义论作为其道德哲学的基本理由。四是通过界定阿多诺诠释哲学思想的类型与视角，阐明阿多诺对康德道义论诠释的基本视域。

第三，具体阐述阿多诺的道德哲学是如何展开的。指明阿多诺批判现代社会无道德性主要表现为"不自由"和借助康德道义论的"自由观念"对道德哲学进行探讨。而康德道义论作为现代道德哲学的主要理论，其"自由观念"和"道德法则"给予阿多诺以深刻的影响，他通过诠释康德的自由观念和道德法则表明了其道德哲学的基本观点。具体为：一是阐明康德道义论中自由观念和道德法则，说明康德是如何对自由观念和道德法则进行论证的。二是阐明阿多诺是如何诠释自由观念和道德法则的，以说明阿多诺诠释的独特性。三是阐明阿多诺诠释"自由观念"和"道德法则"的合理性与局限性，并与康德道德哲学的经典诠释观点进行比较，从而凸显康德道德哲学中的问题和阿多诺对一般道德哲学的观点。

第四，阐明阿多诺道德哲学的实旨在于从形而上学维度的探讨。指出阿多诺否定的辩证法对形而上学的批判，其指向是传统哲学的"同一性"框架，这种"同一性"又反作用于社会同一性逻辑思维，并强化了它的来源。阿多诺否定辩证法的实旨在于"非同一性"和"绝对的否定"，说明否定的辩证法在广义的道德哲学视域中对社会无道德性的价值意义和否定的辩证法在道德哲学理论的视域中对康德道义论的反思价值。

本书的主旨在于说明康德道义论是阿多诺道德哲学的基本依据，而通过阿多诺对康德道德哲学的诠释和反思，表明其作为社会批判理论者所具有的道德关怀。同时，也表明他自己的道德哲学观，从而证明在阿多诺哲学中，同样有着道德哲学的理论诉求。而阿多诺运用社会批判理论探讨道德问题，则无疑为西方马克思主义构建道德哲学提供了发展路向。就此而言，无论阿多诺的道德哲学是一个体系性的理论，还是较为松散的批判性话语，都是不重要的。重要的是，我们如何通过梳理和阐述阿多诺对现代道德哲学的基本看法和反思重点，勾勒出其道德哲学的基本轮廓和阐释其道德哲学的基本诉求。通过文本资料以丰富、深化对阿多诺哲学的研究，便是本书所期望达到的目的。

第一章　阿多诺道德哲学的现实起点：
"错误的生活"

　　1944 年，阿多诺曾在其著作中直言，"在错误的生活中不存在正确的生活"①，表明了他对现代社会生活中无道德性的悲观判断。1963年，阿多诺在讲授道德哲学问题时，进而指出他关于"在错误的生活中不存在正确的生活"的观点，是展开社会生活道德性研究的前提和探讨现代道德哲学问题的基础，认为只有理解这个前提，才能够回归现代道德哲学的重要问题，即"我们应当做什么"，"'我们应当做什么'是道德哲学的真正本质的问题"②。这里，尽管阿多诺对现代社会生活③的道德性判断近乎全盘否定，但他也看到了道德哲学着眼于社会生活的道德性问题，即社会实践只有具有道德性意义，才是正确生活的价值呈现。

　　就现代社会角度而言，前现代社会侧重于物的使用价值，把交换所需物品视为目的，交换本身就是手段，而现代社会则把交换本身视为目的。现代社会的发展主要以市场作为无形的调控中介，组织社会生活的各个方面，无论是物质方面还是精神方面都产生了对等化的交换，交换

――――――――――

　　①　这句名言来自阿多诺《最低限度的道德》，还有一种翻译是："在虚假的生活中，没有正当的生活。"按照英文：Wrong life cannot be lived rightly. 笔者使用了文中的翻译。可参阅：Theodor Adorno, *Minma Moralia: Reflections on a Damaged Life* (London: New York Verso, 2005), p. 39.

　　②　[德] 阿多诺：《道德哲学的问题》，谢地坤、王彤译，谢地坤校，人民出版社 2007年版，第 3 页。

　　③　对现代社会而言，西方社会可以 16 世纪为开端，即从宗教改革开始。而对于阿多诺而言，则以十七八世纪的启蒙运动为开端。在《启蒙的辩证法》中阿多诺认为，启蒙理性变异为工具理性，从而导致工具理性的同一性思维，启蒙理性在于打破神话统治，而工具理性成为新的神话。

原则成为统治社会生活的主要根据。阿多诺认为，交换原则把现代社会牢牢地控制在目的之中，并表现为一种同一性，大众意识被其社会同一性所统治，个人思维在社会中也不再具有“非同一性”，交换原则成了意识形态的一元化“强制”。那么，这种同一性“强制”就是现代生活的错误之处，更是现代社会无道德性的体现。从现代社会的表现来观察，文化工业化和反犹主义普遍化就是其中最为明显的表现。

第一节　文化工业化

按照布克哈特的定义，文化是“那样一种精神发展的总汇，它自发地产生，不要求有普遍性与约束性效果”。何谓“文化”？不同学者有不同的理解，阿多诺认为：“凡有理由被称作文化的，都要在回顾中接受在不断控制自然的进程中遗留在路上的一切，这一进程就反映在不断增长的合理性与愈发合理的统治形式中。所谓文化，就是在普遍性与特殊性未取得和解的情况下，特殊性不断地抗议着普遍性。”① 可见，他把文化概括为过程性与固定性的结合，并强调文化的批判性和非固化特质。但是，文化没有一定的固定特征还具有规范性吗？他的回答是，保持文化的批判性本质，在固有性与变化之间保持一种相互促进、彼此纠正的关系，文化结晶的特征与现实社会的因素之间保持着一种张力和辩证性，而不是作为一种精神性的东西固定下来并予以强制性的接受。

而交换原则使现代社会文化不再保持这种张力和辩证性，它强制文化生活以商品交换形式来展开，使文化表现出一种虚假的繁荣，“物质现实可称为交换价值的世界，而无论人们怎样拒绝承认文化的统治，只要现存之物一如既往，这种拒绝就是表面性的。由于自由的、正当的交换本身就是谎言，所以拒绝交换就同时带有真理的内涵。针对商品世界的谎言，揭露这一谎言的那样一种谎言就成了矫正措施。迄今的文化败落了。并证明要催化它的败落”②。这表明，文化丧失了其所具有的前

---

① 转引自［德］格尔哈特·施威蓬豪依塞尔《阿多诺》，鲁路译，中国人民大学出版社 2008 年版，第 188 页。

② 同上书，第 186 页。

瞻性和批判性的反抗能力，而变为社会同一性的执行部分。同时，文化变为对固定化思维的肯定性文化，其表现就是文化的工业化，即文化工业。

一　精神世界的"单调"

现代社会的精神生活主要在于大众娱乐、著述、电影、音乐等方面。这些方面在社会同一性的强制之下，构建了同一性的规范模式。阿多诺认为："文化工业引以为豪的是，它凭借自己的力量，把先前笨拙的艺术转换成为消费领域的东西，并使其成为一项原则，文化工业抛弃了艺术原来那种粗鲁而又天真的特征，把艺术提升为一种商品类型。"① 在工业化的过程中，艺术变为另类的高贵与优雅，而忽视了当前极大丰富的精神生活是一种同一性骗局，工业化意味着文化形式被同一性的模式所规定，而不是寻求反思与批判的功能。

首先，娱乐的本意在于放松身心，以达到对现实精神压力的放松，但现代社会的娱乐却是一种被强化的习俗，娱乐成为一种在既有的词语与框架下再强化的思维。"就像它的对立面先锋艺术一样，娱乐工业也借助符咒的力量，确立了自己的语言，确立了自己的语法和词汇。要想获得符合原有模式的新效果，就会持续不断地产生某种压力，这种压力变成了另一种规则，每当新的效果带来脱离原有秩序的危险时，这一规则就会进一步强化习俗的力量。"② 在同一性强制之下，人们追求快乐这个精神生活的朴素诉求变成了为快乐而快乐的"取乐"行径，笑声变成了一种"疾病"，它被迫变为强制性和功能理性的模仿，"在文化工业中，愉快的否定代替了狂喜和苦行所发现的痛苦。最重要的法则乃是，他们不能以任何代价来满足欲望；他们必须发出笑声，而且要对笑声感到满意"③。可见，在社会发展中，文化工业虽提供文化产品，但文化本身已经被另一种具有替代性的意义所取代。

其次，电影、音乐和艺术本身是关于现实真实写照与超越现实的启

---

① ［德］马克斯·霍克海默、西奥多·阿道尔诺：《启蒙的辩证法》，渠敬东、曹卫东译，上海世纪出版集团 2006 年版，第 121 页。
② 同上书，第 114、115 页。
③ 同上书，第 127 页。

迪形式，而在工业化的发展模式之下，它变为了同一性的结构编排。本来人们可以从中获得生活观念，以寻求重新思考生活的意义，但同一性架构把精神变为复制品并延伸，"正因为电影总是想去制造常规观念的世界，所以，常看电影的人也会把外部世界当成他刚刚看过的影片的延伸……自从有声电影迅速崛起以后，这种原则通过机械化再生产得到了进一步的增强。真实生活再也与电影分不开了。"① 阿多诺曾经崇敬的艺术家勋伯格和毕加索在理念上也投降了现实社会，他们不再相信所谓的风格，甚至认为风格就是隶属于事物发展的逻辑。他们在现实的强制之下开始了自我否定，其新作品依赖相似性并表现为替代的一致性特征。精神生活在于对高雅事物的追求，但现实却把它们变成了一场消遣"泡影"和一种消费"等式"。

最后，书籍、杂志、著述的出版、发行和传播已被同一化固定于套路模式中，"与最近出现的自由主义阶段相比，大众文化也迎来了自己的新阶段，那就是将所有新生事物排除在外。机器始终在同一个地方运转着"②。质言之，文化工业是以商业为主题的社会生活的集中表现，商业的内涵拥有着工业的要素，是工业得以形成的根据。阿多诺强调："毫无疑问，文化工业的权力是建立在认同被制造出来的需求基础上的，而不是简单地建立在对立基础上的，即使这种对立是彻底掌握权力与彻底丧失权力之间的对立。"③ 在文化工业发展的过程中，精神生活已成为消费化的一种工业部类，文化工业所提出的"精神生活"实现了前所未有的发展，没有了文化本身所具有的反思精神。

二　政治架构的"固定"

在阿多诺看来，政治生活在于人在社会中的自由参与与权利分配正当等内容。然而，在文化工业化的强制下，人们参与政治的思维被同一化模式所固定。他转引托克维尔的话，"统治者不再说：你必须像我那样思考，否则就割掉你的头；而是说：你可以自由思考，不用像我那

---

① ［德］马克斯·霍克海默、西奥多·阿道尔诺：《启蒙的辩证法》，渠敬东、曹卫东译，上海世纪出版集团 2006 年版，第 113 页。
② 同上书，第 121 页。
③ 同上书，第 123 页。

样；你的生命，你的财产，你的任何东西都应该是你的，不过，从这一天起，你在我们中间就变成了一个陌生人了。不遵从意味着在经济上和精神上的软弱无力，意味着'受雇于自己'。"① 这表明在政治生活的范围之内，人们无法超越社会政治的合理性架构，参与政治的想法和思考方式同样是在文化工业所导致的同一性思维之中，

从个人参与政治生活来看，如果个人不被政治生活排除在外并追求政治上的成功，那就只有在现存的政治机制之下才能完成。"今天，文化工业已经不再需要继承企业以及未开发领域的民主制度的文明遗产了，因为知识分子的偏见从来就没有被很好地协调起来。"② 个人对现代社会的认同，参与既有政治机制所设定的规则，而不再反思政治本身的使命。人们表现出极大的热情并且可以自由地加入任何党派，也可以在政治运用中"充分"体现自身的价值，人们表现出参与政治生活少有的积极性。"相比于自身而言，统治者总是很自然、很严厉地对他们施加道德压力，今天，受骗的大众甚至要比那些成功人士更容易受到成功神话的迷惑。他们始终固守着奴役他们的意识形态。普通人热爱着对他们的不公，这种力量甚至比当权者的狡诈还要强大，甚至比严厉刻板的海斯局还要强大，就像特殊的伟大历史时期会激起比它还要强大的敌对势力一样，如所谓的法庭恐怖即是如此。"③

从政治家和政治专家的视角来看，作为政治学专家与作为统治者的政治家无法改变文化工业所导致的政治生活的固有思维，而只能迎合和服从政治生活的既有逻辑。"有时候，专家们也许可以在最后残存下来的客观独立性中找到自己的避风港，但他们的声誉已经与教会的商业政治或制造文化商品的企业发生了冲突。不过，从根本上说，当当局开始讨论这些问题的时候，事物本身已经被对象化了，已经成为了切实可行的力量。"④ 由此可知，在现代社会中，人们在自由主义的制度之下参与政治生活，尽管表现出自由的参与和权利的赋予，但其所隐含的机制

---

① ［德］马克斯·霍克海默、西奥多·阿道尔诺：《启蒙的辩证法》，渠敬东、曹卫东译，上海世纪出版集团 2006 年版，第 120 页。

② 同上书，第 151 页。

③ 同上书，第 120 页。

④ 同上书，第 116 页。

和方式已被同一性的强制所固定。换言之，政治家们默认了这种新的奴役，而不再思考人和社会本身的自由观念，即如何让自己真实地存在。鉴于政治生活的虚假自由，阿多诺认为，虽然现代社会的政治生活相对于古代社会的政治生活而言在政治体制和社会管理机制、个人权利架构和法律框架机制等方面有了巨大的进步，人们不再为信仰而活，为君王而死，为生存而受辱等，但人们在现实生活中，在同一性文化和思维之下，为了自由参与、权利赋予和政治诉求，并不会打破政治生活的既定模式，也不会产生重新思考政治生活的价值观念。因此，人们的政治生活就会投入现实政治操作的层面而不再思考政治本身的意义。

三 社会生活的“乏味”

在现代社会中，人们按照同一性的生存逻辑去追求社会生活的方式，其表现就是使用的语言、亲情的疏离和个性的消失。阿多诺认为，文化工业所创造的利益奖罚体系对人们的社会生活同一性要求尤为明显，这尤其表现在穷人的生活逻辑里，他们被现实社会的同一化所控制并以效率优先的原则进行福利待遇的分配，穷人难以融入社会生活统一体的架构中。

第一，社会生活中所使用的语言是同一性的概念逻辑，语言本是交流和实践的必要工具，也是真实内心想法的表达，但现代语言却已丧失了真实表达的能力。阿多诺认为：“如果说真实是语言的基础，那么语言已经迫不及待地去追求正在不断产生的商业目的了。如果词语不能成为达到这个目的的手段，那么它就是无意义的；就其他词语来说，也是虚构的、不真实的。”① 可见，现代语言的使用是达成一个同一性社会共同目标的工具性概念体系，而共同目标在于交换原则下的商业目的。所以，价值判断已不再是语言自身的特征，现代社会中所使用的语言表现出一种语焉不详、词不达意的状态，既没有变得强硬也没有变得软弱无力。在含糊其辞的表达中，虽证实了自身的科学性一面，但却成了同一性思维的附属品。

---

① [德]马克斯·霍克海默、西奥多·阿道尔诺：《启蒙的辩证法》，渠敬东、曹卫东译，上海世纪出版集团2006年版，第133页。

　　第二，社会生活中的亲情被现实生活统一于固定模式之下，亲情不再是牢固的和合理的纽带。人们在社会生活中生存的考量成了首先要顾及之事，不能因为亲情而背弃自己的生存和生活方式，由此产生的痛苦也是相对合理的，失去亲情的痛苦就变得不痛苦了。阿多诺认为："文化工业并没有在手足亲情的荫翳下掩盖苦难，而是像男子汉那样高傲地面对这些苦难，表现出伟大的自我控制力。沉稳中的伤感证实了必然造成这种伤感的世界。这就是生活，尽管它含辛茹苦，却是一个奇迹，充满着健康的气色。谎言并不会因为悲剧而畏缩不前。"①可见，现代社会生活的既有框架已经深入人心，人们表现出的道德反抗和对文明的不解都是在既有社会规范标准下进行思考的。

　　第三，社会生活中人的个性既无法产生和保留，更无法展现出来。阿多诺认为，文化工业所造就的社会使个性已经到了消失殆尽的边缘，即使留存下来的那点个性，不是成为社会的怪物就是成为现代社会所认可的个性。"在文化工业中，个性就是一种幻象，这不仅是因为生产方式已经标准化。个人只有与普遍性完全达成一致，他才能得到容忍，才是有问题的。……个性不过是普遍性的权力在偶然行为发生的细节印上的标签，只有这样，他才能够接受这种权力。"②可见，在允许虚假个性出现的背后，个性的形成和标准成为社会更有利于统一的方式，所谓的个性创造就是大家必须模仿的表现者。从而社会更容易管理，个人也没有追求个性的其他方式和特征，所谓的"个性"的存在已经荡然无存，存在的只是代表着社会意识内在性要求的类型。

　　总而言之，在阿多诺看来，无论是精神世界、政治生活还是社会生活，我们都被文化工业这一社会同一性所统一，社会合理性也由此显而易见地表现出来，文化工业的统治意识使社会变成了一个有效用和以追求后果为目的的系统。在这个系统内，社会各个方面的生活类型统统变成了一个模式。"保守的文化批判要维护某种纯精神地自我理解的文化的'价值'，反对它的所谓堕落。但是，它将那些同社会生活背景丧失

---

　　①　［德］马克斯·霍克海默、西奥多·阿道尔诺：《启蒙的辩证法》，渠敬东、曹卫东译，上海世纪出版集团 2006 年版，第 137 页。
　　②　同上书，第 140 页。

动态联系的东西固定、独立化为价值，结果事与愿违地促成了与理想相反的情况。"① 从而由文化传统发展而来的东西被现代社会的合理性规范所同化，可想而知，文化本是社会状态的根本反映，即思想的反思和哲学理论的自觉被现代社会的系统同一化了。

第二节　反犹主义普遍化

社会同一性思维还集中展现在反犹主义普遍化中。在阿多诺的视域中，纳粹行径只是极端的展现，其背后所隐含的普遍化倾向则不容忽视。反犹主义不能仅以纳粹的个案性来分析，其实，在现代西方社会中，普遍存在着各种形式的反犹主义。尽管从历史的层面来看，反犹主义的德国纳粹是首当其冲者，但是，以自由主义为意识形态的西方国家也存在着反犹主义，其形式虽不同但实质相近。虽然西方国家对犹太人的生存状况进行了辩解，但社会现状则表现出一种前所未有的"模棱两可"，"犹太人的生存和表现，使无法与其一致的普遍性本身产生了问题。固执不变的生活秩序使犹太人与统治阶级产生了某种不稳定的关系。他们总是希望能得到统治阶级的接受，而不会受到他们的控制。犹太人与统治民族之间的关系也总是一种贪婪和恐惧的关系"②。从这种赤裸裸的关系来看，阿多诺所认识的社会现实，是以商业竞争、追逐财富和功利化等展现出来的，无论何种反犹主义都体现了同样的思维逻辑，反犹主义的根本在于交换原则同一性的普遍化。

一　反犹主义普遍化的表现

一方面，在纳粹统治的社会中，人们的所作所为与其说是遵守国家领袖的号令，还不如说是对现代社会贪恋财富、爱慕虚荣心态的一种表现。法西斯的统治使人民走上反犹之路，并利用人民义无反顾的情绪加以挑拨和鼓动。阿多诺认为，一是从心理上让人们产生了对财富的需

---

① ［德］格尔哈特·施威蓬豪依塞尔：《阿多诺》，鲁路译，中国人民大学出版社 2008 年版，第 182 页。

② ［德］马克斯·霍克海默、西奥多·阿道尔诺：《启蒙的辩证法》，渠敬东、曹卫东译，上海世纪出版集团 2006 年版，第 154 页。

求，只有国家的号令才能达到一定的效果。当经济发生危机时，通过心理上的鼓动会产生一种发泄和愤恨的对象，也会产生一种所谓"积极的"行动。"犹太人经济破产的事实，并没有增加而是减少了国家主义这一灵丹妙药的吸引力，这正证明了它的真实本性：它不仅没有帮助人们，反而助长了人们强烈的破坏欲。它为人民（Volksgenosse）所带来的真正利益，就是对这种愤怒的集体拥护。……对于大众来说，反犹主义是一种穷奢极欲。"① 二是心理形式上的转嫁，使得人们的主体性荡然无存，只有在预设的形式下才能够找到所谓新的"主体性"，"反犹主义行为的方式是在因为被剥夺了主体性而变得盲目的人重新获得主体的情况下出现的"。② 在极权主义统治下的人们，其行为表现出一种凶狠残忍和无动于衷的态度，不再接受道德的评判和良心的谴责，并以国家信念作为自己的护身符。可见，"反犹主义是一种精致的图式，也是一种文明仪式；集体屠杀就是货真价实的刽子手仪式。从中可以看出，将它们限制在一定范围内的意识和意义已经无能为力，真理也已走入穷途末路。"③ 从而，当人们追求同一性的社会诉求时，便被国家主义者利用了。国家主义者把心理的和思维的方式变得更具合理性、合法性，通过人们对欲望与利益的满足心态，发挥社会层面的最大化和人性层面的极端化。

另一方面，在西方自由主义世界里，反犹主义也成了社会整体性的心态。阿多诺描述了这种情况，"没有权力的幸福思想是站不住脚的，因为没有掌握权力的人才会有真正的幸福。资助布尔什维克的营私舞弊的犹太银行家，以及他们所策划的不切实际的密谋，就是一种先天蠢笨无能的象征，就像美好生活是一种幸福的象征一样。"④ 这是因为反犹是合目的性的社会需求这一重要因素。他通过历史类比来说明这种普遍性，社会能否从反犹主义的思维中解放出来，在于厌憎的内涵能否提至概念的范畴，在于人们能否认识到这一思想的偏执。但是，现实社会不

---

① ［德］马克斯·霍克海默、西奥多·阿道尔诺：《启蒙的辩证法》，渠敬东、曹卫东译，上海世纪出版集团 2006 年版，第 155 页。
② 同上书，第 156 页。
③ 同上。
④ 同上书，第 157 页。

允许这种厌憎和认识的提升，它们往往被认为是一种特殊性表现。在阿多诺看来，无论表现极端的纳粹主义者，还是西方自由国家，已经根深蒂固地拥有了这一认识和行动的思维方式。可见，这不仅是反犹主义行为本身，而是一种对现代生活态度的"认可"。

二　反犹主义普遍化的原因

其一，从历史角度来看，阿多诺认为，尽管西方世界在维系文明发展上的作用是不能否定的，但统治者和思想家是在维护文明的前提下对社会意识和人的思想进行改造的，从而意识形态是按照个体服从集体、特殊服从一般而设计的，个体的反思与特殊的意义不再被认可，模仿在心理学和社会层面上受到了推崇。在推进文明发展的前提下，个人和社会被劳动关系的客观性强化了。社会和个人的存在方式以对这种客观性模仿的形成继续推进。"正是在自我构成的过程中，反射性的模仿变成了有限性的反思。"① 个人为了自我持存必须适应社会的变化和要求，并赋予自我持存以理性思想。尽管社会意识具有一定的强制性，但为了使个体自我持存具有合理性，并且"社会继续把带有威胁力量的自然当作一种持续而有序的强制力量（Zwang），而这种强制力量正是个体自我持存的力量；与此同时，社会也作为一种支配自然的力量来反作用于自然"② 。自然科学的强势增强了社会状态的这种强制性，个人的表现成为可以控制的。从而社会意识形态的强制力量被看作是自我持存的有用的、必要的规则，个人与社会整体变成了一个可控性的形态。

其二，从人性角度来看，阿多诺认为，本来属于人的本能表现也被物化关系的社会所强制，这扭曲了人的本能。人的本能原本是关于人的生理的和身体的东西，"回归自然的无情禁律变成了一种宿命；这种否定是如此的彻底，以致它不再也无法得到有意识的实现。……最终，所有这些本能冲动都发挥了痛苦的作用，情绪也不再激动，渐渐平静下

---

① ［德］马克斯·霍克海默、西奥多·阿道尔诺：《启蒙的辩证法》，渠敬东、曹卫东译，上海世纪出版集团 2006 年版，第 166 页。
② 同上。

来"。在物化状态的强制之下，人基于本能的行为不再属于自然的状态而变成为一种机械化的表现。"这种扭曲的面孔看似不得已，实际上却是彻头彻尾的托词，因为它表现出来的是对一种积极作用的反感和厌恶，而不是将它尽心尽责地加以实行。它通过承认生活的严肃性，来逃避生活的严肃性：因而它是不诚实的。"① 这表明了尽管人们基本的本能反应应该是自然的，而在现在的社会条件下，虽然反感自己所谓的本能行为，但却变为另一种"自然的"样式。

其三，从心理角度来看，阿多诺认为，"虚假投射"的心理学概念可以描述反犹主义思维的形成。在现代社会中，黑白在虚假投射的方式下被颠倒了，人们反犹是为了与周围的环境保持一致，这种保持一致的行为与想法根源于社会同一性的思维方式。"反犹主义是建立在一种虚假投射（Projektion）基础上的。它是真正的模仿行为的反映，在根本上与被压抑的模仿行为密切相关；事实上，它也许是被压抑的模仿行为的病态表现。……而虚假投射则把内在世界和外在世界混淆在了一处，并把我们最为熟悉的事物说成是敌对的东西。"② 人们习惯于一种心理上的投射，投射出来的意识不再能把握内在世界与外在世界是否相符。当内在世界和外在世界不一致时，当然要符合外在规范的规定并把其所想变为敌对的东西。

进而阿多诺从认识论和心理学相结合的视角说明了这种情况，一是自我的本来面目必须被否定，应该用物的关系来重构"自我"，自我在物化社会的关系中僵直了。"为了能如实地反映事物的本来面目，主体必须返回到事物本身，而不在于他从事物中得到什么，主体根据他在感觉中所投射的外部事物的迹象，来创造他身外的世界：事物在纷繁复杂的特性和状态中所保持的同一性；同时，他学会了用既承认外在印象的综合统一性，又承认逐渐脱离于外在印象的内在印象的方式，在回忆中建构了'自我'（Ich）。真正的自我是投射的最终产物。"③ 二是主体无论做出何种行动，都是一种不健全的表现，因为

---

① ［德］马克斯·霍克海默、西奥多·阿道尔诺：《启蒙的辩证法》，渠敬东、曹卫东译，上海世纪出版集团 2006 年版，第 167 页。
② 同上书，第 172 页。
③ 同上书，第 174 页。

行动主体没有了反思能力。"反犹主义者不健全的方面并不在于投射行为本身,而在于它丧失了对这种行为的反思能力。一旦主体不能把从客体那里获得的东西归还给客体,那么它就会变得更加单薄,而不是更加丰富。"① 反犹主义者的行为是一种盲目的实践,行为主体只是在外在关系的要求下进行实践,而主体对于外在要求是照单全收,无反思能力的主体变成了盲目的"主体"。三是阿多诺依据弗洛伊德的精神分析学说说明社会的现象,即当下同一性社会的生活方式是一种病态性的产物。"病态投射"是一种自我的绝望状态,自我产生的内在兴奋障碍弱于外在产生的兴奋障碍。即自我感知从自身发展的趋势中,把侵犯行为看成世界的敌人。所以说,人们如果不按照社会的逻辑进行思考,自己的想法是不可想象的,我们的思维变成了这个世界同一性思维的敌人。

阿多诺对文化工业的控制性和反犹主义的普遍化分析,表明了他对现代社会生活的不满,也表明对现代社会生活无道德性的控诉。只有打破现代社会的思维逻辑,才能够使社会生活具有道德性。阿多诺自《启蒙的辩证法》之后,就努力思考这个问题。② 国外一位学者从理论上简述了阿多诺的这一思想取向,"即私人的特质不再属于自己:'消费者的利益已潜在地得到满足,没有个体有权坚持节制性的原则'。一种有关事情状况的伦理意识被提及给我们,并且让这种意识具有我们的特质的态度,然而认识和表达这种态度不需要否认或放弃(我们本应有真实和正当的权利去维护的私人存在)已变得不正确的特质,甚至使我们事实上依靠这种不公正的环境。阿多诺关于爱情和婚姻的格言式描述适当地论述了'现在,居所在这种适当的意识中是不可能的',阿

① [德] 马克斯·霍克海默、西奥多·阿道尔诺:《启蒙的辩证法》,渠敬东、曹卫东译,上海世纪出版集团 2006 年版,第 174 页。

② 阿多诺在《启蒙的辩证法》中对现代社会所表达的不满与批判,奠定了他后来所有著作的思想主旨。马丁·杰认为,阿多诺《启蒙的辩证法》之后的著述都是为它做注脚(参阅 [美] 马丁·杰《阿多诺》,瞿铁鹏、张赛美译,张晓明校,中国社会科学出版社 1992 年版)。笔者赞同这种看法,20 世纪五六十年代,阿多诺所讲授的课程基本上都以道德哲学为主,著名的《否定的辩证法》也是从形而上学的角度对现实社会思想的同一性逻辑展开的批判,并且重新对康德自由观进行了论述。

多诺的辩证法公式就不再让人称奇了。"① J. M. 伯恩斯坦较为清晰地表达了阿多诺对社会同一性的描述，并认为否定的辩证法就在于从形而上学的角度对同一性的破除，及寻求一种非同一性，以致实现社会的道德性。

---

① J. M. Bernstein, *Adorno : Disenchantment and Ethics* (Cambridge, Cambridge University Press, 2001), pp. 55-56.

第二章　阿多诺道德哲学的理论起点："启蒙之理性"

阿多诺正视现代社会同一性所表现出的现状，文化工业化与反犹普遍化的表现所凸显的启蒙理性蜕变为工具理性，并成为现代社会的意识形态。社会的合理性已经成为社会进步与发展的标准，合理性本身是不容质疑的。"这是因为，社会的力量完全是按照合理性的方向发展的，所有人都必须成为工程师或管理者，也正因为如此，社会已经完全丧失了理性因素，人们完全变成了为行使某种职能而不断加以培训或肯定的产物。……工业关心的就是，所有人都是消费者和雇员，事实上，工业已经把整个人类，以至于每个人都变成了这种无所不包的公式。"① 但是，合理性已经不再按照启蒙理性赋予人理性的道德感和理性的实践意识去行事，理性仅仅成为一种工具性的方式被使用，社会向前发展的只是在这种单向度中寻求合理性，然而却没有找到一个正当性反思目标来加以评判。

阿多诺认为，作为强制性的工具理性被表征为马克思的"异化"和卢卡奇的"物化"②，在现实社会中的体现是由经济学的术语来展现的，即资本、利润、商品、效益等。阿多诺研究专家 J. M. 伯恩斯坦认为，阿多诺在《最低限度的道德》中已经表明了工具理性所具有的强

---

① ［德］马克斯·霍克海默、西奥多·阿道尔诺：《启蒙的辩证法》，渠敬东、曹卫东译，上海世纪出版集团 2006 年版，第 132、133 页。

② 即"人与人之间的关系获得物的性质，并从而获得一种'幽灵般的对象性'，这种对象性以其严格的、仿佛十全十美和理性的自律性（Eigengesetzlichkeit）掩盖着它的本质，即人与人之间关系的所有痕迹。"（参阅［匈］卢卡奇《历史与阶级意识》，商务印书馆 2004 年版，第 146、147 页）

制性并对现代社会意识予以统治的现象，"没有直接论述这种情况——仅是间接地展现在每种分析之中——阿多诺只是接受了诸多观点：来自韦伯主义者和马克思主义者的当代社会的机制已被理性化，它与需求和资本的生产自动机械化相一致，因此，这些机制不再被有效地作为伦理实践的空间。并且持续到如此程度，伦理已退却到离资本再生产很远的个人存在的必要的实践形式中"①。"在韦伯之后，关于当代世界的合理化过程的诊断被普遍接受，阿多诺自然也不例外。既然是世界被某种抽象原则所统治，那么批判必然要指向这种抽象的原则。这些原则事实上都是形而上学的要素，现实的统治也可以被视为形而上学的实现。因此，阿多诺的形而上学批判本身就是一种'实践'行为。"② 这个实践就是对理性工具化或工具理性已成为现实社会思维逻辑统治的批判，批判的本身虽是理论的展现，而批判的意义在于能在现实社会中得到展开，即虽在理论上加以批判但其目的在于实践本身。③

就现代道德哲学而言，研究合乎理性规定的正当行动才具有道德性，为此我们赋有什么样的责任和权利？这意味着道德问题从古代到现代的转向，"转向"在于其研究的问题发生了改变：古代无道德哲学可言的伦理学，其追求行为美德和德性修养，从而成就好的生活。阿多诺关于"错误的生活"与"正确的生活"判断的依据在于是否合乎理性的规定，即什么样的"生活"是道德哲学研究的开端。既然阿多诺认可现代道德哲学以理性为判断道德的标准，那么，被视为现代社会理论根据的启蒙理性，其发源、发展和变化的过程和表现形式便是阿多诺道德哲学探究的理论起点。

第一节　启蒙的辩证解读

阿多诺对现代社会的合理性发展存在着一个基本的假设：现代社会发展到启蒙运动，其形成已经基本完成，人类理性本是它保障人们精神

---

① J. M. Bernstein, *Adorno Disenchantment and Ethics* (Cambridge, Cambridge University Press, 2001), p. 41.

② 谢永康：《形而上学的批判与拯救》，江苏人民出版社2008年版，第165页。

③ 阿多诺关于理论与实践的关系问题，将在下一章予以说明。

的和物质的活动不再受神话和现象的蒙蔽，并为理论与实践提供有效性的原则。但启蒙运动之后，理性所发挥的作用蜕变为工具理性，而不再思考价值理性的存在，"商品的拜物教特性并不归罪于主观上迷路的意识，而是客观地从社会的先验，即交换过程中演绎出来的"①。因此，对于阿多诺而言，交换原则产生的社会同一性在理论上在于启蒙运动之后的理性变异为工具理性，在现代社会中成为新的神话。阿多诺从思想史的维度做出了一个判断："神话就是启蒙，而启蒙却倒退成了神话。"②

在阿多诺看来，神话的意义与启蒙的意义在思想史上具有辩证关系。神话在西方社会早期具有引导人理解自身、人与社会和人与自然之间关系的意义，理解本身就是理性思维的进行。而在现代社会尤其是启蒙运动之后的西方社会里，理性成为定义人性的本质含义，但理性变为单方面的理性，即工具理性。它不仅作为人处理人与自然关系的工具，也是人处理人与人之间和人与社会之间关系的工具，并且工具理性统治了人类社会的各个层面，即宰制了人的思想和社会意识。换言之，神话虽具有促进人理解人自身、人与自然、人与社会的解构功能，但其本身具有欺骗性，而理性却变为工具理性去统治人的思想，成为新的神话去蒙蔽人。因此，只有先考察阿多诺对神话和启蒙的理解，再认识启蒙与理性之间的关系，才能够理解阿多诺关于现代社会如何被"理性倒退为神话"的定义，以致对启蒙理性有一个清楚的认识。

一 神话与启蒙的相异、相通

其一，二者概念的说明。阿多诺认为："神话要叙述、命名比如说本源，借此而展现、确定和解释之；在记载和收集神话的过程中，这种倾向不断得到加强。神话早就从叙述演变为说教。"③ 这其中表述了神话的三重意义：一是在西方社会早期，神话是记载人类历史和渊源的根据。二是神话建构了多种社会秩序的原型。三是神话解释了历史记忆与

---

① ［德］阿多尔诺：《否定的辩证法》，张峰译，重庆出版社 1993 年版，第 188 页。
② ［德］马克斯·霍克海默、西奥多·阿道尔诺：《启蒙的辩证法》，渠敬东、曹卫东译，上海世纪出版集团 2006 年版，第 7 页。
③ 同上书，第 5 页。

建构秩序的意义。①。但从人类社会的发展来看，阿多诺更侧重于三种意义之后神话的虚假性和欺骗性。从一般意义而言，"启蒙"概念来源于英文"Enlightment"，这个词是对法文 les lumieres 的解释。它的含义是"光明"，这个含义植根于古希腊哲学传统，自觉于中世纪基督教文化传统，接近于文艺复兴的主脉。它表达的含义可解释为：在一般意义理解上，既让人感到温暖和希望，又让人看到希望与生命的力量。在哲学上的理解是，它与理性的含义直接相连，即人运用自己的理智和执行加以摆脱蒙蔽的状态，去建构和完善自己的生活和社会秩序及其理想生活。② 从一般性概念认同来看，"启蒙"概念来源于康德的经典定义："启蒙运动就是人们脱离自己所加之于自己的不成熟状态。不成熟状态就是不经别人的引导，就对运用自己的理智无能为力。当其原因不在于缺乏理智，而在于不经别人的引导就缺乏勇气与决心去加以运用时，那么这种不成熟状态就是自己所加之于自己的了。Sapere aude！要有勇气运用你自己的理智！这就是启蒙运动的口号。"③ 这是要说明，人具有理智与理性判断的能力，能够完善人自身的自然性与不成熟。从积极进步的视角说明理性是启蒙和启蒙运动④的主旨，把人类从恐惧自然与被蒙蔽的状态中解放出来，以致人成为人自身、自然和社会的主人。阿多诺在对启蒙的理解方面赞同康德的定义："就进步思想的最一般意义而言，启蒙的根本目标就是要使人们摆脱恐惧，树立自主性。但是，被彻底启蒙的世界却笼罩在一片因胜利而招致的灾难之中。启蒙的纲领是要唤醒世界，祛除神话，并用知识替代幻想。"⑤ 可以看出，阿多诺对启

---

① 对阿多诺神话概念所包含的三重含义的理解，得益于国内学者韩水法教授《论阿多诺和霍克海默启蒙批判的话语与范式》一文。可参阅［德］阿梅龙、［德］狄安涅、刘森林主编：《法兰克福学派在中国》，社会科学文献出版社 2011 年版。

② 对"启蒙"概念的历史演变与语义演变的阐释，得益于汪堂家教授《启蒙概念及其张力》一文。参阅吴晓明、邹诗鹏主编《全球化背景下的现代性问题》，重庆出版社 2009 年版。

③ ［德］康德：《历史理性批判文集》，何兆武译，商务印书馆 2007 年版，第 23 页。

④ 启蒙运动是 16—18 世纪西方思想的解放运动，以理性定义启蒙，其基本思想同康德所认为的理性与启蒙的关系相近，但这时对启蒙的理解和对启蒙概念的运用比较复杂，以致阿多诺在著述中对启蒙与启蒙运动的概念使用都是比较随意的。可参阅汪堂家教授文。

⑤ ［德］马克斯·霍克海默、西奥多·阿道尔诺：《启蒙的辩证法》，渠敬东、曹卫东译，上海世纪出版集团 2006 年版，第 1 页。

蒙的含义已经明确与康德的定义相近，但是他所表明的态度则是不满于启蒙运动之后的理性。启蒙本质是用理性消除神话的蒙蔽性和欺骗性，但启蒙运动之后的理性却成了神话，工具理性成了新的神话范式，其蒙蔽性和欺骗性逐渐显露出来。

其二，二者关系的说明。阿多诺认为，二者之间是一种辩证的关系，互相包容对方，又互相排除对方，对社会秩序都提出了建构的原则进而取得占统治地位的权力。一方面，从神话角度而言，阿多诺认为："神话自身开启了启蒙的无尽里程，在这个不可避免的必然性过程中，每一种特殊的理论观点都不时地受到毁灭性的批评，而理论观点本身也就仅仅是一种信仰，最终，精神观念、真理观念，乃至启蒙概念自身都变成了唯灵论的巫术。……如同神话已经实现了启蒙一样，启蒙也一步步深深地卷入神话。启蒙为了粉碎神话，吸取了神话中的一切东西，甚至把自己当作审判者陷入了神话的魔掌。"① 另一方面，从启蒙角度而言，阿多诺认为："在整个启蒙的过程中，这种因素逐渐消失瓦解了。但这一过程不结束，这种因素也不可能完全消失……果这个要素完全被消灭了，那么就断然不可理解主体何以能认识客体，不加约束的合理性就是不合理的。"② 这说明，启蒙的过程也是一个重新塑造理解人和人与社会的新秩序，并且在塑造新秩序的过程中塑造自身的唯一性，以达到神话原有的地位。虽然启蒙运用理性反对神话的非理性本质，但在塑造自身地位的时候同样展现出一种非理性的"神话"。哈贝马斯清晰地指出，阿多诺所认为的启蒙与神话的关系是一种密谋的关系，二者之间是一种相互依存的关系。"在启蒙的传统中，启蒙思想总是被理解为神话的对立面和反动力量。之所以说是神话的对立面，是因为启蒙用非强制性的强制力量来反对世代延续的传统的权威约束。之所以说是神话的反动力量，是因为启蒙使个体获得了洞察力，并转换为行为动机，从而打破集体力量的束缚。启蒙反对神话，并因此而逃脱了神话的控制。霍

---

① ［德］马克斯·霍克海默、西奥多·阿道尔诺：《启蒙的辩证法》，渠敬东、曹卫东译，上海世纪出版集团 2006 年版，第 8 页。

② （德）阿多尔诺：《否定的辩证法》，张峰译，重庆出版社 1991 年版，第 44 页。

克海默和阿多诺则认为启蒙与神话之间具有密谋关系。"①

二　启蒙与理性的重叠、单向

　　启蒙运动大约发生在十七八世纪的西方世界，它是西方世界文明在文艺复兴和宗教改革之后，世俗化社会得以发展的又一次思想解放运动。它建立在数学思想与近代科学的认识基础之上，并运用怀疑的方法来反对神学的地位，重新建构世界的秩序。它说明了人运用自己的理性能够确定外在世界与人本身，在康德的定义里面，同时也包括了启蒙运动的主旨，勇敢地运用自己的理性，超越人不成熟的状态，使理性得以公开的运用，从而彰显理性的光芒。

　　阿多诺对启蒙运动的理解虽持一种肯定的态度，但更强调启蒙理性的单一性发展和启蒙理性的消极意义，从《启蒙的辩证法》开始到《否定的辩证法》都采取了批判的立场。他说："启蒙运动推翻神话想象依靠的是内在性原则，即把每一事件都解释为再现，这种原则实际上就是神话自身的原则。"② 可以看出，阿多诺对启蒙本身的宗旨是肯定的，打破了神话的批判与蒙蔽，使人的理性得以充分利用。而启蒙在经历启蒙运动之后，作为启蒙的理性在社会化和世俗化中却变成了统治现代社会各个方面的工具，因而理性固化为一种唯一性的原则立场并且在社会各个方面展开，回到了神话统治人的状态。阿多诺认为："在启蒙世界里，神话已经世俗化了。在其彻彻底底的纯粹性里面，实在虽然清除了鬼魅及其概念派生物，却呈现出了鬼魅在古代世界里的种种特征。"③ 启蒙运动之后，理性变成了古代世界的神话，这个神话在古代社会里是一个世俗化的表征，古代社会往往把日常生活的世界与神话世界相互缠绕。而今，这个理性化的世界与古代的神话在现代社会生活中的位置是一样的，工具理性化社会就是社会生活变为理性世俗化的社会。

---

　　① ［德］马克斯·霍克海默、西奥多·阿道尔诺：《启蒙的辩证法》，渠敬东、曹卫东译，上海世纪出版集团 2006 年版，第 123 页。
　　② 同上书，第 8 页。
　　③ 同上书，第 21 页。

启蒙运动之启蒙的消极性在于工具化理性。① 阿多诺认为："启蒙的自我毁灭。我们并不怀疑，社会中的自由与启蒙思想是密不可分的。但是，我们认为，我们同样也清楚地认识到，启蒙思想本身已经包含着今天随处可见的倒退的萌芽。在这方面，启蒙思想的历史形态和社会制度比较起来并不逊色。如果启蒙没有对这一倒退的环节进行反思，它也就无法改变自身的命运了。"② 启蒙本身是理性的自觉，它关系着人的各个方面，但启蒙运动之启蒙表现出了实用化和工具化的特征。从各种社会生活的特征来看，社会不再对启蒙本身进行有效的反思，而是在实用化和工具化的特征下启蒙本身的特质被掩盖。

阿多诺对启蒙理性所赋予的职责和作用是清晰的，并且认可这是人类在发展过程中的重要关节点。而启蒙运动之启蒙把所要发挥的作用与要求给遮蔽了。他认为："启蒙思想体系成为既可以把握事实又可以帮助个体最有效支配自然的知识形式。它的原则就是自我持存（Selbsterhaltung），不成熟性（Unmuendigkeit）指的便是不具备维持自身生存的能力。……理性概念的难题之所以形成，是因为理性的主体，即这种理性的持有者与理性自身之间实际上是处于对立状态。在西方启蒙运动中，表面上判断的明晰性遮蔽了上述难题。"③ 可以看出，在现代社会中，我们的理性在付诸社会实践过程中，在其发展过程中却发生了一定的偏差，并在这一发展轨道上形成了现有的工具化理性。工具化理性的社会与启蒙对理性的要求主旨不再是统一的，只是启蒙理性侧重的一个方面。其重视的是人生存的物质极大化，没有把生存本身看作是具有丰富性和多面性的。在现代社会中，在这个满足人的生存的目的之下，工具理性所造就的观念体系变成了一个封闭的体系和垄断的体系。在这个体系的强力之下，人之为人的要求不是重新反思，而是被吸纳到这个体系中。人之为人的丰富性被其摈弃掉了，并给予其一个"异端"的名

---

① 由于《启蒙的辩证法》行文的特征，启蒙、启蒙运动、启蒙理性等概念的使用比较随意，所以在理解作者的意思时必须加以注意。国内学者在解读这本著作时，不能够清晰地加以处理。

② ［德］马克斯·霍克海默、西奥多·阿道尔诺：《启蒙的辩证法》，渠敬东、曹卫东译，上海世纪出版集团 2006 年版，第 2、3 页。

③ 同上书，第 72 页。

称而排除掉。这种态度表明，阿多诺所认识的启蒙已经把自身带向唯一的路径。因此，必须重新反思启蒙的内涵，而不能认可启蒙运动之后理性的这一发展路向。

第二节　阿多诺的启蒙理性观

从启蒙概念中的理性含义，到启蒙运动时期的理性概念，再到工具理性中的理性概念，理性观念成为阿多诺反思启蒙辩证法中的重要概念和批判重点是无疑的。从启蒙与神话的辩证理解来看，阿多诺已经明确了理性作为认知主体的重要性。从康德对启蒙与理性的公共使用来看，他认同康德的这一论断也是可以肯定的，即一部启蒙史就是理性的发展史。但是，阿多诺对理性概念的论述，不仅在于理性作为人类认知的重要作用，还在于理性作为人类与社会发展的动力因素，更在于理性作为人类能力不断突破僵化思维的反思价值。因为理性只有不断实现其自身的反思与批判，才能够使理性保持启蒙的特征，以致不掉入新神话的封闭之中。阿多诺的理性观在于，理性要保持启蒙的特征，理性是人类与社会得以进步的动力源泉，理性不能等价于工具理性，突破工具理性的统治是社会批判的理论根源。

一　理性概念的一般考察

要理解阿多诺的理性观，就必须考察理性概念在西方思想中的发展过程。西方思想中"理性"概念的意涵可谓内容庞杂、意涵广深又精确微细，并且在不同时期都对其进行着考察和内容的丰富。不过，西方思想中的理性观则较为明显，可谓西方思想史就是理性的发展史。从历史演变和概念实质的角度做出一个基本的梳理，能够较为真切地看清理性概念的基本内容，更能够理解阿多诺关于理性观念的由来和理论基点。

一方面，从历史演变的角度来看，"理性"概念在西方的思想史和哲学史上可谓源远流长，从一定意义上讲，理性代表着西方文明的特征。自古希腊开始，理性被称之为"逻各斯"、"努斯"等，以之阐释所思所想的认知反思，以苏格拉底、柏拉图、亚里士多德为代表的哲人们总是考虑以理性的方式来思考现存的世界和社会的发生与发展。中世纪这一神学的时代并没有影响理性的存在，只是理性作为神学的次级理念发展着。理性虽然扮演着宗教信仰的工具角色，但是不能怀疑理性自身的成就。从中世纪之后到启蒙运动，这个理性发生了重要的变化，由于文艺复兴、宗教改革和自然科学的进步，人意识到在什么时候、什么时空、什么条件下都要以人的存在为主轴，那么人的意识形态回到了人本身，回到了人的社会。到启蒙运动之时，理性的观念在于说明：人把理性作为人性定义中最为重要的内容，用康德的话说，人性就是理性或人之为人在于人具有理性。既然是人性最为重要的内容，这就说明了一个重要的问题：人因为有理性，就会运用理性去认识自己、认识自然和认识社会，在这个过程中，最具代表性的就是由培根的"知识就是力量"和康德的"理性批判体系"生发出来的实践理性的重要性。由此看来，理性是人性得以确立、人性回归以及对人性认识的依据，也是文明社会和文明进步的重要支撑。

另一方面，从"理性"概念的实质来看，在从中文翻译西文的过程中，理性概念的实质则较为清晰地显现出来。在对"理性"概念的翻译中，我们可以看到与理性概念相对应的有四个词，即 Reason→rational→reason→reasonableness。而分开来理解，我们则看到：大写的 reason 代表着理性对人性的定义，rational 则代表着人利用理性的展开，在现代文明中，人对理性的理解在于理由，"reasonableness"则是现代的"理性"含义，意味着现代理性所具有的"理性"品格。可以看出，"reasonableness"与启蒙运动时期康德对"实践理性"的含义是重叠的。"同样，康德哲学中的 Vernunft 概念，特别是康德实践哲学中的Vernunf 概念，常常也兼具 the rationality 和 reasonableness 两层意思，有时则干脆只应该理解为 reasonableness，而不应该理解为 rationality。"①由此可见，首先，大写的 reason 的理性含义是指文明进程的整体性思考的认识意识。这在于指明人类的独特性，又说明人类社会发展的文明程度。同时它描述了西方思想的早期发展。其次，rational 说明合理性的

---

① 对理性概念的理解得益于童世骏教授，可参阅华东师范大学终身教授童世骏 2010 年10 月 15 日终身教授报告："理性的历史"。

社会建构，理性是作为个体的人在社会实践中的深思能力，以及社会整体发展中的合理化程度。再次，小写的 reason 说明人对于社会实践的理性能力，它是基于社会规范与规则的理由，更是人在实践中发挥自身理性的标志。最后，reasonableness 是指多种理由的辩证和逻辑的认识，这说明了人类理性发展的一个阶段，表明了人的实践既要有一定的合理性，又不能忽视合乎情的一面。

因此，从历史发展与概念本身来讲，我们能够看到西方思想中的理性概念既有着重强调的阶段，又有各种层面的特指，更有对理性本身的反思表现等。理性作为一种人的认识与实践能力，证明了人类社会的独特特征，也不断为人类社会的发展提供着动力。但我们也不得不重视合情与合理之间的融合，这是对人的存在和社会发展更为客观的审视。

二　阿多诺对理性的理解

阿多诺在解释康德的纯粹理性批判时说过："如果我们说纯粹理性的批判，它既不能被认为是一种消极的回复，也不能是理性种类的回复，而在于它是关于人类理性能力的批判，并对理性本身提出一些问题，以说明关于理性正当的原则。"[①] 这肯定了康德关于启蒙与理性的关系，理性是指人的理智成熟的标志，也指时刻引导人的认知能力的方向。同时，阿多诺肯定康德关于实践理性的意义，尽管他没有直言，但在其关于自由与理性是一个概念的定义中体现出来[②]，"有无自由意志问题的意义十分重大，犹如技术术语无力反对要求它们说明它们的意思的必要性一样。由于司法和惩罚的过程——以及在整个哲学传统中所谓的道德或伦理学的可能性——取决于对这一问题的回答，所以我们的理智需要不允许我们把这个要素的问题说成是'假问题'……我们不必反思目前讨论的论题，判断它们存在还是不存在，而是要扩展它们的定义，以致包括把它们固定下来的不可能性，甚至要考虑它们的强制性。不管是否带有如此明确的意图，这都是康德在《纯粹理性批判》关于

---

① Theodor W. Adorno, *Kant's Critique of Pure Reason*, Edited by Rolf Tiedemann, Translated by Rodney Livingstone (Stanford California, Stanford University Press, 2001), p. 6.

② 可参阅 ［德］T. M. 阿多诺《道德哲学的问题》，谢地坤、王彤译，谢地坤校，人民出版社 2007 年版。

二律背反的章节中和《实践理性批判》的大部分篇章中所希冀的。"①
从这里可以看出，人类理性的体现就是自由的体现，这符合康德对理性
的一般规定。阿多诺对理性的理解还是康德式的，即包含认识的和实践
的、工具的和价值的两个部分。

康德的"理性"概念始于康德对理性的批判。他不单是从理论上
对人的纯粹理性进行有效的批判，而且还对理性在实践上是否存在可能
性进行了论证，并赋予实践理性以优先性。但具体到康德哲学中，理性
概念可分为三个层面的含义：一是作为先验能力而言的理性；二是作为
与知性相区别的形而上学意义上的理性；三是作为与知性能力相等同的
理性。从康蒲·斯密的解释里可以较为直观地理解这三种含义，"它作
用于最广泛的意义上，作为一切先验因素的源泉。它包含着感性的先
验。在最狭义的意义上，它甚至和知性区分开来，指那促使心灵不满足
于其日常的和科学的知识，而指引它去要求在经验范围里不能发现的完
全性与无条件性的功能。知性决定着科学，理性产生形而上学。知性有
诸范畴，理性有其理念。第三，康德常常把知性与理性作为同义词使
用，把心灵只划为两种功能：感性与主动性。"② 理性不但在认识论中
存在着，而且纯粹理性应当在实践中展现出来。纯粹理性如果在实践中
是可能的，那么人就具有理性的实践能力，"在'实践理性'，康德同
样追求具有普遍必然有效性质的客观道德律令，要求与任何种类的主观
准则（Maxime）区分开。……在伦理学，康德首先肯定自由作为普遍
必然的道德律令，虽然是超经验的，但却大量呈现和存在于日常道德经
验之中，因之来论证它的性质和表现。可见，在经验现象中去追求寻找
一种先验的普遍法则，二者又仍然是共同的"③。实践理性强调的是，
人的理性在实践中必须摆脱经验界的束缚，并以道德法则为规定、以善
良意志为根本，使人在实践中变为自由的主体，也使人的理性的同一
（identity）在理论上和实践上体现出统一（unity）。最后，从宇宙论论

① ［德］阿多尔诺：《否定的辩证法》，张峰译，重庆出版社 1993 年版，第 206、
207 页。

② 康蒲·斯密：《康德〈纯粹理性批判〉解义》，韦卓民译，华中师范大学出版社 1999
年版，第 45 页。

③ 李泽厚：《李泽厚哲学文存》上编，安徽文艺出版社 1999 年版，第 291 页。

证出来的理性，具有了先验自由，从认知到理性的理想之后，在实践中，行动都要符合理性的理想的要求和规范。这也是康德所谓的人之为人在于人有理性的定位，即人性等同于理性。"所以理性是人在其中得以显现出来的一切任意行动的持存性条件。这些行动中的每一个还在它发生之前就已经在人的经验性的品格中预先被规定了。"① 从而得出，康德理性概念到最后在实践上的运用所具有的既是一种品质和能力，更是一种确立主体形而上学基础的展现。既然是实践上的品格与能力，实践就不再仅是理性认识和把握世界的工具，作为实践的理性更注重价值的考虑，价值不是单个维度的有用性，更是其道德性和多样性的考量。

阿多诺认为，启蒙运动之后的理性就演变成了今天社会中的工具理性，即社会同一于工具化的理性，理性本身的含义只是存在着单极的发展。"在近代，理性的概念曾是一个中性的概念。它是那种还原于纯形式的主观思维（因而潜在地被对象化了，脱离开自我）和那种脱离其构成成分的逻辑形式的有效性（尽管这种有效性离开了主观思维也是不可思议的）之间的妥协。"② 但是，人们在是社会实践中则使用了理性的主旨，却忽视了客观的对象和行动本身。从而"理性所能提供的仅仅是体系同一性的观念和具体概念关系的形式因素。从严格的启蒙意义来看，任何可以被人们引证为所谓理性洞见的实质目标都是一种妄想、欺骗或'合理化'，尽管不同的哲学家都竭尽全力，试图把这一结论应用到人类的博爱感情上去。理性是一种'从一般性中推演出特殊性的能力'"③。因此，阿多诺认为，康德的理性定义不是理性同一化所表现的社会和人的状态的理性范畴，它是先由感性上升到理性的一个过程，感性不能被忽视，现在的社会在理性化的同一性中不再具有感性的成分而是直接赋予其现有的理性化的外在要求，不再追求内在性的反思，已经失去了对道德、幸福、价值和美的判断。"康德教导说，人的理性禀赋实际上并不会给人带来那种更高的福祉；如果你们愿意，他从

----

① ［德］康德：《纯粹理性批判》，邓晓芒译，杨祖陶校，人民出版社 2004 年版，第446页。

② （德）阿多尔诺：《否定的辩证法》，张峰译，重庆出版社 1991 年版，第 234 页。

③ ［德］马克斯·霍克海默、西奥多·阿道尔诺：《启蒙的辩证法》，渠敬东、曹卫东译，上海世纪出版集团 2006 年版，第 71、72 页。

中的道德只是相反的结论，即人们不应当试图把二者协调一致起来，而是至少在涉及个人行为，私人伦理的情况下，人们应该在另外一种层面上，而不总是在改善社会福利的层面上来寻找理性的规定。"① 外在的要求就是从社会的工具化要求或社会文明着眼的，这种工具理性化社会是极大的危险。只有回到个体的人本身、回到主体内部审视理性对道德、价值和美的一致性要求，才是对社会的发展和文明的进步具有意义的。

三　阿多诺对启蒙理性的审视

阿多诺认同康德的理性定义，这表明理性不应只是工具性的一面，还应具有价值性的一面。回到现代社会中来，现代社会却变成了工具理性单方面的统治，这一过程还是在于启蒙运动之后学科和知识的单方面认同和崇拜。

其一，阿多诺认为，启蒙运动之后，科学成了一种新的社会图腾。科学对世界的建构和作用是不可估量的，成了解释世界的新的和唯一性的功能。作为认知主体的人，对启蒙运动之后理性的态度犹如古代人对神灵和巫术一般地相信。这主要是因为新的认知方式以数学为标准，如此一来，科学得以建立起来。科学的认知方式是可以深入事物的本质中去的，没有不可认知的事物。阿多诺认为："启蒙事先就把追根究底的数学世界与真理等同起来，以为启蒙就能够避免返回到神话中去。启蒙把思想和数学混作一团，并且通过这种方法把数学变为一种绝对例证。……也就是说，数学步骤变成了思维仪式。"② 由于对这种理性认知的确定性高度信任，从科学研究到经验判断再到日常生活的每个细节都无不体现在其中。

就社会角度而言，科学在社会统治力上开始发挥同一性和强制性的作用。一方面，科学作为一种新的图腾同一了社会的总体性意识，起到了同一性的作用。"在通往现代科学的道路上，人们放弃了任何对意义

---

① ［德］T. W. 阿多诺：《道德哲学的问题》，谢地坤、王彤译，谢地坤校，人民出版社2007 年版，第 173、174 页。

② ［德］马克斯·霍克海默、西奥多·阿道尔诺：《启蒙的辩证法》，渠敬东、曹卫东译，上海世纪出版集团 2006 年版，第 19 页。

的探求。他们用公式替代概念，用规则和概率替代原因和动机。原因只被当作衡量科学批判的最后一个哲学概念：或许因为它是唯一能够继续为科学批判提供参照的古老概念，是创造性原则的最后一个世俗化形式。"① 另一方面，由于在社会中科学发挥了同一性的作用，进而表现出一种强制性和极权色彩的特征。"对启蒙运动而言，任何不符合算计与实用规则的东西都是值得怀疑的。一旦它摆脱了任何外在压迫的阻挠，便会生长发展，一往无前。在这一过程中，启蒙运动始终将其自身的人权观念看成是更为古老的普遍概念。……启蒙带有极权性质。"② 这表明了阿多诺所认为的现代启蒙使理性变成了古老的神话，理性在摧毁了旧的历史中所存在的神话又建立起新的神话。并且，这种新的神话还具有一种极权的性质，这是启蒙自身发展出来的所谓进步的方向。

就科学本身而言，科学作为理性神话的样式表现出一种极端的同一性，并且使人和社会无法摆脱它的控制力，社会还需要逐渐加强其统治力。"当下（hicet nunc）的神圣性，即表现为被遴选事物的唯一性，却将其彻底区分开来，并使其变得不可替代。科学预设了这个情形的终结。科学中不再具有特定的替代物：如果没有了献祭的动物，神也就销声匿迹了。……正是因为实用科学的这种区分很是随意，每个事物都划入到同类物质之中，于是，科学的对象变得僵化了；……生存者之间各种各样的亲密关系，被有意义的主体与无意义的主体、理性意义与偶然意义中介之间的简单关系所抑制。"③ 这表明了启蒙运动之后理性以科学为特征及其所表现出来的强制性力量和同一性趋势，从而可以使社会总体性意识成为"合理"的意识形态。国内学者曾言："科学技术文化经过启蒙运动而独立，随着工业革命发展而膨胀，最终出现了工具理性霸权，价值理性却遭到了贬抑。这样，技术理性主义文化就得以形成并进一步膨胀。"④

---

① ［德］马克斯·霍克海默、西奥多·阿道尔诺：《启蒙的辩证法》，渠敬东、曹卫东译，上海世纪出版集团 2006 年版，第 3 页。

② 同上书，第 4 页。

③ 同上书，第 7 页。

④ 吴晓明、邹诗鹏主编：《全球化背景下的现代性问题》，重庆出版社 2009 年版，第 260、261 页。

其二,阿多诺认为,作为反思的哲学本身也是难以逃脱工具理性的统治的,黑格尔、费希特和以实证主义为代表的哲学表现得尤为突出,哲学在这个启蒙理性高奏凯歌的时代,所谓反思和觉醒都难以回到自己的本位进行再反思。"在直观与概念的关系中,哲学已经觉察到了符号与图像分离的极限,并一再徒劳地做着将它填平的尝试。事实上,哲学正是通过这种特有的尝试来定义的,当然,在大多数情况下,哲学是站在其得以正名的立场上的。"① 在哲学难以进行再一次重新定位理性的发展方向和反思理性本身的品性时,作为认识世界和认识社会的辩证法思想在这里也难以达到否定的意义。"哲学没有提供任何场所,从中可以具体地判定它犯有哪种不合时代的理论错误,尽管像以前一样都怀疑它犯有这种错误。也许正是一种不充分的解释才许诺将它付诸实践。"② 辩证法作为黑格尔哲学的重要贡献本身在处理现实社会的理性统一性时,难以发挥否定的纠偏作用。"诚然,否定并不抽象。……这种追求,这种'确定的否定性',不像怀疑主义不分青红皂白地把真假一律予以否定那样,用抽象概念的自主性来抵制错误的直观。确定的否定对绝对和偶像中尚不完满的观念予以拒斥,而严肃主义则不同,后者想用它本身无法企及的绝对理念来对照上述绝对和偶像。"③ 那么,辩证法的本质在于否定的本质,但黑格尔之后,哲学变成了"确定的否定性"辩证思维并达到一种不是语言的盲目神话的新阶段。哲学的话语以及语言难以逃离这个理性的世俗化和社会化的框架,不能够对启蒙理性在自身的展开过程中所发生的偏差进行再一次的反思,只是用现实社会的理性重新评估自身所发生的偏向和不足。因此,阿多诺认为,哲学必须回复辩证法的主旨,即否定的和非同一性,"辩证法是始终如一的对非同一性的意识。它预先并不采取一种立场"④。

综上言之,阿多诺对启蒙、启蒙与理性以致启蒙运动之后理性变异

---

① [德] 马克斯·霍克海默、西奥多·阿道尔诺:《启蒙的辩证法》,渠敬东、曹卫东译,上海世纪出版集团 2006 年版,第 13、14 页。

② [德] 阿多尔诺:《否定的辩证法》,张峰译,重庆出版社 1991 年版,第 1 页。

③ [德] 马克斯·霍克海默、西奥多·阿道尔诺:《启蒙的辩证法》,渠敬东、曹卫东译,上海世纪出版集团 2006 年版,第 18 页。

④ [德] 阿多尔诺:《否定的辩证法》,张峰译,重庆出版社 1991 年版,第 3 页。

的认识主要在于，作为认知主体的人把理性工具化看作新的神话，将其作为盲目信奉的客观利器；而作为哲学本身的反思性能力在这里因工具理性对现实的强大作用和表现出的超凡功效而放弃了自己的宗旨，并且成了现代社会中工具理性的辩护者。阿多诺的观点来源于康德对理性的理解，也认识到了康德赋予的启蒙与理性的内在关系的永恒性，"康德就把永远无限进步的学说与坚持其固有的缺陷性和永恒的有限性统一起来。康德的这一判断是一个圣谕。世界上不存在任何科学所不能深入的存在，而科学所能深入的又并非就是存在。……主体除了拥有必然性伴随着自我的所有概念的那个永远相同的我思之外，便一无所有。主体和客体都将变得虚无"①。正因为如此，启蒙与理性之间的永恒关系，回到康德哲学才能够重新审视现代社会的问题，也更好地开启了现代社会的发展方向。因此，启蒙运动之后理性被工具化了，但是启蒙还在继续，工具理性只是启蒙的一段波折。国内学者曾指出阿多诺的这一观点："对启蒙现代性的批判，表面上是针对启蒙精神，实际上直指工业文明，甚至是整个人类文明史。他们对启蒙现代性与工业文明的批判，尤其是关于启蒙与神话、自由与奴役、文明与野蛮关系的论述，可以使人想起本雅明的名言：任何一部文明史，同时又是一部野蛮史。"② 启蒙与理性之间不会分割，启蒙并不是为了理性收获和发展单方面的价值，更需要道德性和美的存在、启蒙与理性之间似乎永远保持着一种矛盾与张力。阿多诺从批判的角度谈论了启蒙辩证法的消极方面，正所谓批判本是为了更好地进步，这也成了其后期著述的发轫点。从理论上看，对工具理性统治的社会总体性意识成为阿多诺道德哲学的理论起点。

---

① ［德］马克斯·霍克海默、西奥多·阿道尔诺：《启蒙的辩证法》，渠敬东、曹卫东译，上海世纪出版集团 2006 年版，第 20 页。

② 此为王凤才教授的看法，见吴晓明、邹诗鹏主编《全球化背景下的现代性问题》，重庆出版社 2009 年版。

第三章 阿多诺道德哲学的基点:康德道义论

阿多诺曾认为，考察道德哲学的问题只有以康德的道德哲学为根据，才能够理解一般道德哲学的内容与问题。"我在这里用相似的方式把康德哲学当作工具（Vihikel），一方面用他的课题和他对问题的提出将你们领进道德哲学的课题，另一方面，通过与康德著作相联系的批判和其他的反思使你们超越这些课题。"①既然阿多诺借助康德道德哲学思考一般道德哲学问题，那么可认为他的道德哲学就是以康德道德哲学为基点的。尽管阿多诺思考道德哲学问题以康德道德哲学为基点，但只有从道德哲学的理论视角进行思考，才能说明阿多诺为什么以康德道德哲学为基点。因此，首先从阿多诺的理论指向上进行说明。其次阐释康德道德哲学的性质与主旨，因为康德道德哲学在现代伦理学中的重要性是不言而喻的。现代伦理学的主要理论是：道德义务论（尤其是康德道义论②）、后果主义伦理学［尤其是功利主义（utilitarianism）伦理学③］和美德伦理学。这三种现代道德伦理学理

---

① ［德］T. W. 阿多诺:《道德哲学的问题》，谢地坤、王彤译，谢地坤校，人民出版社 2007 年版，第 28 页。

② 康德道德哲学，简称康德道义论。笔者在行文中，康德道义论与康德道德哲学经常换用以使表达清晰。

③ 也可以译作功效主义，徐大建教授对译法做过说明（参阅约翰·穆勒《功利主义》，徐大建译，上海世纪出版社 2008 年版）。功利主义是后果主义的经典类型，功利主义伦理学是以快乐定义最大善的，后果主义（consequentialism）伦理学接受了各种以后果定义的最大善，比功利主义范围更为宽泛，功利主义的代表是边沁和约翰·斯图亚特·密尔。

论被称为规范伦理学。①

　　所以，本章一是要说明阿多诺在理论指向上为什么以康德道义论而不是以功利主义伦理学为基点？二是挖掘阿多诺以康德道义论为其道德哲学基点的理由与价值。弄清这两个方面的问题，我们便能够看到，阿多诺道德哲学的展开是以诠释康德道义论为内容的。三是总结阿多诺诠释康德道德哲学的类型与视角，以便为梳理阿多诺道德哲学的内容做好铺垫。

第一节　拒绝与接收：功利主义伦理学与康德道义论

　　从一般理论话语来看，功利主义伦理学与阿多诺的道德理论之间不存在直接的话语链接，为什么说阿多诺道德哲学的基点是康德道义论而不是功利主义伦理学？只要进行有效的话语转换就能理清两者之间的联系，并且能够看出阿多诺对功利主义伦理学是拒斥的。康德道义论与阿多诺所秉持的批判理论似乎没有必然的联系，并且不在一个话语系统里。前者通过理论本身的自觉来影响社会生活的各个方面，而后者通过理论批判来改变现实社会生活并突出表现理论的有用性。不过，阿多诺无论对启蒙辩证法的批判还是对否定辩证法的强调，其主旨都与现实社会的无道德性和形而上学的不合理性相关。质言之，阿多诺的理论本身是对一种现实社会的道德关怀。因此，只要进行有效的话语转换，我们就能看出康德道义论是阿多诺道德哲学的基点。

　　阿多诺的理论指向主要是现代社会的合理化问题并成为批判理论的理论起点，即工具理性导致了一种极权主义的道德思想，工具理性导致了社会的无道德性。而就规范伦理而言，无论功利主义还是康德道义论，理性的工具性都是其重要特征，因为规范伦理学具有两个重要特

---

① 规范伦理学在于说明现代道德哲学的转向，已经不再是古代道德哲学论题，即"我们应该做什么"。一般而言，康德道义论在于说明，从动机出发，所有的行动都符合动机要"善"的理性规定，以此说明行动与实践的道德性。后果主义在于说明，只有后果达到一个最大的善，我们的行动与实践就赋予了道德性，即达到最大的后果——具有了道德性。美德伦理学，虽然说是现代道德哲学的一个重要理论，但其基本上还是追求古代道德哲学的内容（有些学者认为它不是现代规范伦理学）。之后，美德伦理学没有如康德道义论和后果主义伦理学那样占据主导地位。

质：理性的工具性和不偏不倚（impartial）。可见，在阿多诺的理论指向与规范伦理学之间，似乎存在着一个很大的"悖论"，即反对理性的工具化与认可康德道义论。换言之，如果以康德道德哲学为"工具"，就是承认康德道德哲学的一般特质（理性的工具性），那么又为什么承认它的理性工具性？如果承认规范伦理学中的理性工具性，那么又为什么不选择功利主义伦理学而是康德的道义论？

一　拒绝功利主义

阿多诺拒绝功利主义伦理学实属必然。为什么这样认为？一方面，阿多诺批判理论的对象就是工具理性所导致的"极权主义"思想。在现代社会中，人的一切活动都是为寻求物质利益的最大化而进行的，从而工具理性犹如"极权主义"一样宰制着人的思想与行动。换言之，在生存需求和物质利益未极大化时，人的自由与解放是无从谈起的，只有以生存需求和物质利益为后果才是思想和行动的标准。这正是阿多诺所谓社会无道德性的表现，也是阿多诺进行社会批判的起点。另一方面，是功利主义伦理学的理论实质使然。尽管功利主义伦理学在于不偏不倚和理性的工具性，但它以后果最大化为目标。只要后果是最大多数人的幸福，那么，每个人的行动在道德上都是正确的。因此说，在后果预设上，"极权主义"的工具理性思想与功利主义伦理存在着某种契合，那么，阿多诺的道德理论选择是必须拒绝功利主义伦理学。为了更好地展现阿多诺道德理论对功利主义伦理学的拒绝，我们可以论述功利主义伦理学的内容与阿多诺对工具理性所导致的"极权主义"思想的一致性。

其一，功利主义伦理学的内容主要表现为四个方面：第一，功利主义在价值论上采取了一种福利主义的观点。也就是说，每个人在社会上都应得到相等的福利分配。第二，功利主义的道德理论是目的论，这个目的不仅把幸福看作具有内在价值的东西，而且试图按照行动对人们幸福的影响来决定道德的正确性。第三，功利主义的形式是积聚型，即做出了一个基本的假设：我们可以对每个人的效用进行相加，以便最终得到一个总体效用。第四，功利主义强调"最大化"原则。只要后果是最大化的，就证明道德上具有合理性和正当性。密尔指出："如果道德义务不是产生最多的善的一种义务，那么一定是无稽之谈，因此我们应当做的事情总是取决于我们行动后果的计算以及对这些后果的评估。"①可见，虽然目标既具有合理性，也具有不偏不倚的特质，但理性被工具性地运用于对目的的效用之中。

为了更为有力地说明功利主义伦理学对理性的工具性的依靠，而不再反思目的本身的价值所在，我们就可以引入一个经典的讨论：人是否在功利主义预设的后果中，由于理性的工具性而被"异化"了。换言之，在预设的后果下，为了达到后果的最大化，理性的工具性把人的爱好、欲望与价值反思都排除掉了，从而人不再具有完整性，人被"异化"了。彼特·布莱顿有过一个讨论，即功利主义者对后果的存在状态给出了一个设想中的思想存在，并认为通过经验实践能够达到与思想存在相等同的后果。但只作为一种思想的存在，在实践中，理性的工具性是不能完成的，这就表明思想存在与实际后果难以达成一致。彼特·布莱顿论述道："将主观的状态从其客观的对应物中分离出来，并断言我们是专门为了前者而寻求后者，通过这样做，功利主义就在某种程度上切断了我们与世界的联系，这一点通过经验机器这样的例子可以得到形象的说明。经验机器是一种假设的仪器，它能够通过编制程序给某个人提供任何他想要的主观状态。经验机器向我们提供了超过实际生活、具有决定性的主观利益：在实际生活中，如果有的话，也很少有人认为他们已经得到了所有他们想要的。但是对于每个人来说，经验机器使得这样一种他无法区分的幸福事态的存在成为可能。"② 在他的论述中，尽管后果与现实之间是有差距的，那么人的完整性是可以保全的，但后果已经预设，人只是在现实生活中保留了一定的完整性，"异化"的可能性就随时可能发生。如果是一个极端的功利主义者，那么，人一定会被工具理性所"异化"。因为目标的确定性在于它的唯一性，人的感性存在必然将服从于理性目标，感性在理性的工具化中消失掉了。

其二，从工具理性导致的"极权主义"思想来看，一方面，何谓工具理性的"极权"？从一般意义上而言，韦伯对人的实践的合理性进行了区分，即手段的运用、目的的设定和价值的取向。前两者可归为目

---

① 约翰·穆勒：《功利主义》，徐大建译，上海世纪出版社 2008 年版，第 16 页。
② 徐向东编：《后果主义与义务论》，浙江大学出版社 2011 年版，第 226 页。

的理性,后者可认为是价值理性,只有二者结合起来,才能满足实践的合理性。可是,近代以来,科学技术和市场经济的发展祛魅了前现代宗教和形而上学的神秘化,这为现代社会经济的发展奠定了基础,同时为目的理性统治社会意识形态提供了理论根源。在现代社会被物化的过程中,目的理性变成了以物为目标的工具理性,完全消解了目的的设定与价值的取向,从而把人的实践理性消弭了,工具理性呈现出"极权"的形态。换言之,无论在概念含义还是社会表现上,工具理性在现代社会中的体现,都反映出人在社会中生存与价值的分立,只是注重生存的考虑,发挥的只是理性的工具化的一个方面,以致工具理性变成了具有统治社会总体性的意识。"理性作为一种解放力量具有两重性,即它在带来进步的同时,也制造了一种新的主宰人的意识形态。这种意识形态在当代社会的作用就是使人在自我解放的同时自我异化,即物化。"①阿多诺正视现代社会意识形态被工具理性化,工具理性已成为一种"极权"这一现实。"技术合理性在今天是统治合理性本身,它就是那个与自身相异化的社会的强制品格。"②社会中人的行为都被外在性的社会关系所统治,内在性的规则也被外在性的社会性规则所同一化。个体的人就变为一种异化的存在,与自身来说成为一个不是自己的"自己"。在对文化工业的批判中,现代社会中的文化成为一种肯定性的文化,它为现代社会的合理性进行了有效辩护。现代社会被以市场交换原则的抽象同一性所统治,理性发挥着工具性的一面,而无价值性的一面。理性的工具化服从于市场交换原则的社会抽象的同一性逻辑,并导致人的异化。人的异化就在于现实社会中不再以人的使用价值为目的,而是以交换价值为目的,注重交换形式本身,寻求抽象后果的意义。

综上所述,尽管阿多诺的批判理论是从社会学向度而言的,他的道德哲学拒绝功利主义是必然的,这是由于他所批判的工具理性与功利主义伦理学中的工具理性具有理论上的相通性所造成的。

---

① 傅永军:《法兰克福学派的现代性理论》,社会科学文献出版社2007年版,第80页。
② [德]马克斯·霍克海默、西奥多·阿道尔诺:《启蒙的辩证法》,渠敬东、曹卫东译,上海世纪出版集团2006年版,第135页。

二　接受康德道义论

阿多诺接受康德道义论,并以康德道义论作为探讨一般道德哲学的
"工具"。他认同康德道德哲学的思想主旨,但不是完全臣服于康德道
义论的内容。康德道义论的重要起点是动机的向"善",并且按照道德
法则的命令去行动,理性作为人的整体性认识能力必须受到严格审查,
应该是人所观察和经验到的东西,它是完整的和整体性的思考。所以
说,理性在康德道义论中不是按照后果行动的,而是按照向"善"的
动机发挥作用的。从阿多诺的批判理论来看,他在关于启蒙辩证法的批
判中就明确表示过同意康德对理性的定义。正如一位学者所言:"在介
绍康德之前,我们专注于,他著作的两个原则方面被后来的阿多诺所拥
有,一是康德对启蒙的贡献;二是叙述康德主义的批判内容。"① 因此
说,阿多诺对康德道义论中的理性态度不同于功利主义的理性。由于这
样的共通性前提,康德道义论势必成为阿多诺研究道德哲学问题的
基点。

一方面,康德道义论的思想主旨必须阐明。康德道德哲学在于对
"人是目的"或"人之为人"的论证,为个体实践的自主性、道德性提
供理论主旨说明。道德哲学是实践哲学的范畴,行动如果没有道德性,
那么实践意义就难以说明其自身。"康德的道德理论是如此系统,如此
具有说服力,以致在伦理学研究中我们无论如何都不能忽视康德对道德
理论的贡献,正如在其他哲学领域中,我们无法忽视康德的观点和论证
一样。实际上,有一些学者认为,我们今日的伦理学研究在很大程度上
就是对康德伦理学及其各个变种的批判性研究。"② 其理论建立在对理
性的批判之上,从现实经验和形而上学两个层面说明主体实践的道德性
价值,即作为"理性行为者"一面的主体,自觉地按照纯粹实践理性
进行实践才能够成为道德性的实践。而作为感性欲望一面的存在者,由
于来自本能和约定俗成经验的因素总会限制实践理性,则不得不超越这

---

① Yvonne Sherratt, *Adorno's Positive Dialectic* (Cambridge, Cambridge University Press, 2004), p. 24.

② 徐向东:《自我、他人与道德——道德哲学导论》上册,北京大学出版社 2007 年版,第 25 页。

些限制来成就理性存在者的动机和选择，从而赋予实践行动以道德性，也赋予实践行动以自主性，同时为社会建构提供道德性价值。

其一，康德哲学中理论理性的"二律背反"，为人超越自然和发现自由这一理性能力提供了重要契机，也为使人的自主实践成为可能提供了基础。康德哲学从认识论开始，确立了理论理性的基本内容，阐明了认识的先验观念论和经验实在论立场，并且发现了认识理性的"二律背反"。但理性的"二律背反"却为人打破自然因果律限制和人是自由的行为能力者提供了基础。康德认为："现在我们知道，在我们把自己想成自由的时候，就是把自身置于知性世界中，作为一个成员，并且认识了意志的自律性，连同它的结论——道德；在我们把自己想成是受约束的时候，就把自身置于感性世界中，同时又是知性世界（Verstande-swelt）的一个成员。"① 可见，认识理性的发现为康德构建理性的实践提供了借鉴，人的实践完全可以超越欲望的、感性的和经验性的因素限制，遵循纯粹实践理性来行动，从而为这样的实践蕴含道德性。

其二，康德道德哲学从现实经验的实践上升到纯粹实践理性，以及从形而上学下降到人的经验实践这两条论证路线，为主体理性实践确立了道德性的实质。在康德理论阐述中，道德性就是作为认识主体和行为主体的人所体现出来的理性本质。为了更形象、更简单地说明康德对主体实践的道德性，康德道德哲学中的两个重要概念尤为重要，即消极的自由和积极的自由。消极的自由在于说明，作为人的实践而言，人是感性欲望和理性能力的合一者，会受到来自自身欲望的左右，也会受到约定俗成的经验的限制，更具有自私的偏好，还会利用最大化利益的诱惑等因素，但是一种善的意志使我们超越经验性因素和自然因果性的束缚，以致使自由的能力得以彰显，去做符合道德法则的行动。可以看出，人具备善良意志也表现出一种超越经验因果链条的自由能力。积极的自由在于说明，在各种实践中，人具有这样一种心理的和意志的机制，以作为自身选择和行动的方向。但是，各种准则都是针对每一项实践而做出的一定的意志规则，其本身并没有道德性可言，因为准则之谓

---

① ［德］伊曼努尔·康德：《道德形而上学原理》，苗力田译，上海人民出版社 2005 年版，第 77 页。

准则在于其属于一种意志实践选择的需要，并没有成为可普遍化的意志规则。只有具备可普遍化的意志规则，才能说明由此展开的行动具有道德性。那么，道德法则体现了这一要求，"这样行动：你意志的准则始终能够同时用作普遍立法的原则"①。从而积极的自由为动机和意志服从道德法则提供了可能，也为人的实践行动赋予了道德性。因此我们能够看到，康德的道德哲学展现了理性能力和道德价值，为人的实践具有道德性奠定了理论根源，人依循纯粹实践理性所提供的道德法则行动，体现了个体行动的自主性和道德性。

另一方面，阿多诺在不同时期的著述中，对康德哲学给予了极大的关注，或贬斥，或褒奖。而这种重视的背后是阿多诺认为康德道德哲学为个体的自主实践和理性实践提供了有效说明，以此挖掘个体实践的道德性价值，即个体自主的实践理性对现代社会的无道德性批判具有举足轻重的作用。阿多诺对现实社会的判断契合了这个理论的初衷。他指出："在错误的生活中发现不了正确的生活。"这就表明，阿多诺对现代社会做出了一个基本的判断，尽管现代社会进入了世俗化阶段，人的行为与实践受到理性的规约，但是，现实社会已经无道德性可言。如何拯救无道德性的现代生活？作为批判理论者的阿多诺必然会回到康德道德哲学中重新思考现代社会的道德性。

其一，批判理论的基本主旨。这一理论以继承西方传统理论为基础，以批判现实社会问题为切入点，其主要目的在于直接而有效地解决问题。换言之，传统理论在于经院内部，其理论本身的演进以目标为导向而朝向真理和理念；批判理论着眼于现实，其理论发展以问题为导向而朝向"好的社会"的出现和新的问题的发现。霍克海默曾言："对整个批判理论的评价并没有一条总的准则，因为批判理论通常是以经常发生的各类事件为基础的，所以，它是建立在自我再造的总体的基础之上的，同时，也不存在这样一个社会阶级，它对批判理论的承认能使人们得到指导。今天，每一个社会阶层的意识都有可能受到意识形态的限制和腐蚀，但不管怎样，由于该阶层所处的环境，意识的目标可以是真理。尽管批判理论洞见社会变化的每一环节，尽管它的原理与最先进的

---

① ［德］康德：《实践理性批判》，韩水法译，商务印书馆1999年版，第31页。

传统保持一致，它除了关心废除社会的非正义之外并无独特之处。"①
这一理论不再像传统哲学理论那样讲究理性的自觉，而是从现实社会出
发，对现实社会进行直接而有效的批判，批判的指向就是交换原则的同
一性对社会的统治和工具理性对人的宰制。

　　其二，批判理论的理论来源。通过对现代社会的审视，批判理论需
要重新发掘和整合传统理论中的重要资源，以致处理现代社会所出现的
问题。传统理论尤其是哲学理论似乎发生了一个"反复"，其主旨围绕
着主体理性范畴而得以有效展开，即主体理性的确定、展开与范围等。
在哲学史上，康德完成了主客体反转的"哥白尼革命"，在实践哲学方
面，主体实践回到个体内部纯粹是形式规约的任务。而黑格尔则明确指
出，康德实践哲学的"形式主义"没有实践的可能，并以"否定之否
定"的辩证法来开拓实践的现实性和有效性。马克思指出了黑格尔哲
学的"头脚倒置"和费尔巴哈唯物观的无主体性，"社会生活在本质上
是实践的。凡是把理论导致神秘主义方面去的神秘东西，都能在人的实
践中以及对这个实践的理解中得到合理的解决"②。还指出："人的思维
是否具有客观的真理性，这并不是一个理论的问题，而是一个实践的问
题。人应该在实践中证明自己思维的真理性，即自己思维的现实性和力
量，亦即自己思维的此岸性。"③　这体现出马克思的哲学在于既坚持实
践的唯物主义，又坚持主体性的存在。在实践的道德性方面，体现出强
烈的批判意识，以致寻求人的社会实践具有人之为人的价值和意义。现
代理论围绕着是个体运用理性构建社会，还是现代社会的总体性发展使
个体的自主理性思维消失殆尽的问题而展开。这就又回到了现代社会主
体性范畴这一问题上，即个体自主的理性与社会整合的理性发展的矛盾
问题。但是，从中寻求批判现代社会问题的理论资源是不可或缺的。

　　其三，阿多诺批判的理论诉求。阿多诺认为，康德对现代以来的理
性思维进行了批判，以此确立主体理性的范围与实践的要求，以致实践
理性为个体自主和社会统一在理论与实践、形而上与形而下等层面形成

---

　　①　上海社会科学院哲学研究所外国哲学研究室编：《法兰克福学派论著选辑》上卷，商
务印书馆 1998 年版，第 88 页。
　　②　《马克思恩格斯选集》第 1 卷，人民出版社 1972 年版，第 18 页。
　　③　同上书，第 16 页。

诸多反思性、规范性根源。那么，批判理论必须回到康德理性批判这块
基石上来，以寻求批判的可能。"按照康德的路线，客体是由主体所
'假定'的东西，一套主体形式投射到某个绝对的东西上，归根到底客
体是把被主体重新联系所分解的现象结合成为一种客体的法则。康德给
法则概念加上必然性和普遍性的属性，这些属性对事物都是固定不变
的，并且不可思议地等同于跟世人冲突的那个社会的世界。……康德的
哥白尼革命打击了主体的严格客体化，打击了物化的现实。"① 作为批
判理论者的阿多诺在继承马克思批判现代社会的精神主旨下，要反思现
代社会合理性的根源之所在就必须寻求更多的理论资源。

综上所述，在阿多诺理论中，没有把康德理性只作为规范伦理学中
的理性进行论述。所以说，只用理性的工具性和规范伦理学来看阿多诺
为什么接受康德道义论，并不能说明阿多诺理论选择的问题，而只是说
明阿多诺拒绝功利主义的理由。至于，阿多诺为什么把康德道义论作为
探讨一般道德哲学问题或其道德哲学的基点，在阿多诺的视野中定会得
以展现。

第二节　理由与价值：阿多诺视野中的康德道义论

阿多诺以康德道义论来重建现代社会道德性的重要依据，在于现代
社会生活的无道德性或"在错误的生活中不存在正确的生活"，即工具
理性统治社会的总体性意识造成了人的异化。异化的人认同现实社会意
识形态的同一性逻辑，这成为阿多诺反对工具理性导致极权主义道德②
的根源。同样，这也成为阿多诺在思考现代社会生活的道德性时，道德
哲学必须回到启蒙理性、回到康德哲学的前提。在这个前提下，康德道
义论成为阿多诺研究道德哲学必须倚重的重要理论。因此，他是从哪些
方面来看待康德道德哲学的，成了研究阿多诺道德哲学把康德道义论作
为基本理论支点的理由。这包括三个方面：一是从理论与实践的关系维

---

① 上海社会科学院哲学研究所外国哲学研究室编：《法兰克福学派论著选辑》上卷，商
务印书馆 1998 年版，第 218、219 页。
② 可参阅王雨辰《论霍克海默和阿多诺对启蒙道德的批判》，《江汉论坛》2010 年第
12 期。

度。二是从伦理学与道德哲学关系的维度。三是康德道义论对于阿多诺反思一般道德哲学问题的"工具"意义。只要对这三个问题加以整理,就能够看到阿多诺为什么以康德道义论作为其道德哲学的基点。

一　理论与实践关系维度的阐述

在阿多诺的视野中,理论与实践的关系与传统的马克思主义定义并无二致,即理论来源于实践,实践受到理论的指导,二者是辩证统一的。正如马克思所讲:"人的思维是否具有客观的真理性,这不是一个理论的问题,而是一个实践的问题。人应该在实践中证明自己思维的真理性,即自己思维的现实性和力量,自己思维的此岸性。"① 其意义就在于此,理论与实践是不可能相互分离的,离开理论的实践是盲目的,反之,理论则是空乏的。"凡是把理论引向神秘主义的神秘东西,都能在人的实践中以及对这种实践的理解中得到合理的解决。"② 这种理论与实践的同一,不是为实践的合理性进行辩护而是基于对社会实践的批判,从而寻求对实践进行再指导。尽管阿多诺对现代西方社会实践具有批判意识和理论反思,但其批判理论的指向依然在于现代社会实践的出路。如他所说:"理论的批判所依赖的时机是不能靠理论来延长的。被无限耽搁的实践不再是对自我满足的思辨进行起诉的法庭,毋宁说它是权力执行机构为徒劳地堵塞任何批判的思想而使用的借口,尽管变化着的实践需要批判的思想。"③ 可见,阿多诺的态度鲜明地表明,对理论的重视是非常重要的,但理论也需要着眼于社会实践的问题。

阿多诺批判理论反思的目的在于,对社会实践的谬误进行矫正,其道德观念的意涵被赋予反思社会实践的错误性以指导个体的人对正确生活实践的价值。就道德观念作为理论而言,阿多诺着眼于其理论与实践的同一性关系维度,其重要意涵在于个体生活实践的错误性明显地失去了理论的指导,以致现实生活的实践变成了"错误的生活"。他充分运用这一关系论述"错误的生活"并予以矫正以致走向"正确的生活"

---

① 《马克思恩格斯文集》第 1 卷,人民出版社 2009 年版,第 500 页。
② 同上书,第 501 页。
③ [德] 阿多尔诺:《否定的辩证法》,张峰译,重庆出版社 1993 年版,第 1 页。

的良性轨道。

一方面，缺失道德理论反思指导的社会实践是一种背离"正确的生活"的"错误的生活"的必然性结局。实践是社会性人的存在方式，在西方现代社会经文艺复兴、宗教改革和启蒙运动之后，人类的理性取代了神话的作用，树立起前所未有的权威，但理性在启蒙运动之后反而被功能化和工具化了，只是满足于个体自我持存的需求。在实践中，人们不再反思或确定理性的意义，只满足于对现代社会合理性的论证，从而使实践与理论进入了相对单一化的逻辑架构中。

在阿多诺看来，现代西方社会不再正视理论与实践同一性的关系，其认识处于一种模糊不清又停止不前的状态，即社会实践表现为自我持存的功利加计算的逻辑，理论反思表现为精神世界受到实践的固化。所以，理论与实践之间必须重新做出一个有效的说明，"如果实践越不确定，那么，我们在事实上就越不知道我们应当做什么，我们获得正确生活的保证也就越少。所以，虽然正确生活理应得到保证，而最后我们在正确生活方面采取的行动只会是鲁莽草率的。这种情况很可能与某种憎恨思想的情绪有关，与某种遍地理论的态度有关，而这种态度发展到最后只能是贬低知识。"① 可见，看待实践问题不能只时时刻刻注重理论依附于实践的可行性、可能性与后果目的的正确性，而低估理论指导的功能性、明确性指令。也不能只看到理论思想所预设目的的无限制的怂恿和驱使，而忽略思想理论本身的合理性、正当性与人的存在的道德性关系。这是实践的前阶段，同时这种理论态度本身就是一种实践。可能在现实生活中，社会实践对来自理论的反思与指导是不予认可的，来自于现实生活实践中的诱惑力似乎太强大了。对社会的反思只有从其错位方面进行，才是真正的反思，但是理论反思没有意识到反思起点的问题。"人们是否确实可能再进行一次正确的实践活动：人们在这方面并不应当要求任何思想出示'现在可以做什么'的通行证，而是要义无反顾、竭尽全力地让自己沉浸在思想和思想的结论之中，并且去看一看从中会产生什么结果。……而思想从其应用意义上而言，不会让自己立

---

① ［德］T. W. 阿多诺：《道德哲学的问题》，谢地坤、王彤译，谢地坤校，人民出版社2007年版，第3、4页。

即受到不断产生的目的的驱使。"① 可以看出，这是阿多诺从理论与实践辩证同一关系视角所做出的理论反思，也是对当下社会实践和人的存在的本体论反思，以致让个体回到存在意义维度做出基于超越现实社会实践的理念性思考。

另一方面，把握道德观念的理论旨趣在于对社会实践的反思，更是个体存在或"正确的生活"的有效性基点。"理论如果不与任何可能的实践发生关系——尽管这种关系是如此生疏、如此间接、如此隐蔽，但它必须存在——理论不是成为空洞无物、沾沾自喜、无关紧要的游戏，就是变得更加低劣，成为单纯教化（blosse bildung）的一种因素，这就是说，理论就会因此变成一种僵死的知识材料，对我们活生生的精神活生生的人都将一无是处，这点也同样适用于艺术。与此相反的是实践，对此我已经做出过暗示，它从其名称上就比理论占有优势，它现在简单地让自己独立，驱赶自己的思想，从而降低为一种忙忙碌碌的行为。"② 从理论的根本性内容入手，道德哲学关乎个体生活实践中"我们应该做什么"，关于重新进入理论与实践的辩证同一关系中的问题。"道德理论的课题在本质上还包括对这个理论本身范围的界定，换句话说，它还应当指出隶属于道德范畴的内容，还应当包括思想没有穷尽的地方，而我们现在既不允许对这些东西重新加以绝对化，又不允许把它们当作似乎是绝对化的东西来对待，而是让这些东西重新与理论观察发生关系，假如我们不想让这些东西失去控制的话。"③ 实践层面的强力与阻力是不可忽视的，但实践的必然性不可规避理论反思的有效性，这是有效开启"正确的生活"所必须正视的前提。

基于理论问题被实践所限围以至于服从实践的盲目性与无道德性，那么理论就必须做出相应的反思与研判，重新挖掘和调整理论思想的根源和意义。这种意义既是理论与实践的关系问题，同时它的重点还在于人的存在与正确生活的问题。那么，阿多诺道德观念的具体对象到底所指是什么呢？"道德哲学是一个理论学科，它作为一个学科就始终与道

---

① ［德］T. W. 阿多诺：《道德哲学的问题》，谢地坤、王彤译，谢地坤校，人民出版社2007 年版，第 4 页。

② 同上书，第 7 页。

③ 同上书，第 8 页。

德生活的直接性是有区别的。"① 道德生活的直接性内容就是人在现实生活中的实践，而道德理论是对现实生活的一种价值呈现，道德价值的存在则对道德生活或社会实践提供了有效力的作用。那么，现实生活世界就成为道德实践的可能和道德理论得以指导的基础，社会实践与道德理论二者建立了不可分割的同一性关系。"道德哲学的对象在今天实际上是人们不应当简单、幼稚地接受别人提供的答案，或者接受从所谓感觉上出现的答案，比如，规范的行为举止的问题，行为举止方面的一般与特殊的关系的问题，善良的直接实现的可能性的问题等，这是因为所谓感觉经常是一个坏的舵手，人们要在可能的范围中把所有这些问题提升到意识之中。道德哲学在这个意义上就意味着，人们应当毫无畏惧、不屈不挠地真正意识到道德范畴的疑难和关于正确生活的那个更高层面上的实践的问题，而不是轻信作为实践活动的全部领域的生活已经不需要理论思维之类的话语。"② 阿多诺认为，康德道德哲学是关于人的纯粹意志的规范学说，用理论思想反思实践时需要意志的自由和独立性，为实践的发展重新树立其应有的方向和理念。只有在理论上来自人的自我理性与纯粹意志的反思，才能够使人的实践符合人性本身维护与建构的需要。"我们应该做什么"关涉到"在错误的生活中不存在正确的生活"的重要出路，这种反思与理性为我们思考实践中的错误提供了根据，并且在理论与实践的辩证同一中给予合理性说明，也必将成为我们开启"正确的生活"的依据。

二　伦理学与道德哲学差别维度的阐述

"道德"与"伦理"的关系不可分割，道德哲学与伦理学内容具有相同性与相通性，伦理与道德时而一致、时而分殊。道德相对主义者注重道德的历史与文化的相对性背景，即一定的时空背景、伦理习俗和文化传统等条件，就会缔造其所固有的道德观念。当代伦理学家麦金太尔就认为："道德概念不仅体现于社会生活方式中，而且部分构成社会生

---

① ［德］T. W. 阿多诺：《道德哲学的问题》，谢地坤、王彤译，谢地坤校，人民出版社2007年版，第1、2页。

② 同上书，第6页。

活方式。我们将一种社会生活方式与另一种社会生活方式区别开来的一个重要途径，就是识别道德概念上的差异。"① 而道德客观主义者似乎都坚持这样的看法：道德是具有永恒性价值的，无论时代的更替与社会的变化。同是时代的同行者，作为批判理论家的阿多诺基于现代社会的反思与批判，其道德观念与麦金太尔相反。他认为，道德概念的基本含义必须坚持并打消伦理的消融以保持道德的底线，并从哲学维度来理解反思道德与伦理观念，以对社会实践和人的存在提供正当性价值。诚然，这是重视阿多诺道德观念的实质所在。

阿多诺分别从概念与意义两个层面界定伦理、伦理学，与道德、道德哲学的内涵差别，并为道德的生活才是正确的生活建立同一性关系，从而对道德观念的实质部分做出有效的解释。

其一，阿多诺对伦理和伦理学的性质与范围进行了说明，以表明其道德观念的永恒性与反思性价值。在他看来，伦理与伦理学是人类社会历史中出现的相对性、暂时性和偶发性的事实，其对人的约束性具有一定的时空范围的价值，但其不具有永恒性价值。伦理是一种人的道德动机的表现行为，其约束性存在于一定的时空中，道德的内涵被一次次地表现出来，但未说明道德价值本身的意义。

从"伦理"一词的本来面目看，其着眼点在于人的命运问题，即"一个人生来什么样，就是什么样"。这与早期希腊时期的伦理概念一致，它论述一类人群或一个阶层内的普遍关系的问题。而道德问题在于说明个体的人的实践问题，这种实践需要每个人去反思实践的正确性问题。如果坚持伦理的方式去实践，难免会流入一种个体自我为所欲为的个性生活之中，在这种生活中，个体的行为不再受到任何的约束，而且一切约束都被认为是有悖于伦理的。个体自我所谓的实践都被自身认为是正确的存在方式，不存在矫正实践的标准。而伦理学来自社会习俗中的道德现象，只是针对伦理习俗的一种简单的超越，"伦理学这个词就是良心中的简单良知（das schlechte Gewissen des Gewissens）。如果我还应当对这句话加以解释，那么，这句话的意思就是尼采解释的那样，道

---

① （美）阿拉斯代尔·麦金太尔：《伦理学简史》，龚群译，商务印书馆 2004 年版，第23、24 页。

德的概念来自于暗淡无光的神学观念。因此，有人曾经尝试按照暗淡无光的神学范畴来制造某些类似的东西，他们在这个方面甚至发展到了这种程度，即仍然在单纯的内在范畴中，即在自然范畴中，在我们存在的单纯的此在范畴中去理解伦理，而不是先验地，超越我们自己的自然质朴性和自然规定性去理解伦理。但是，如果普遍的人性具有意义，那么，人性的存在恰恰就在于人性是如此发展的，即人与其行为，与其直接的、质朴的规定性并不完全一致，这样，来自于自然范畴、来自于自然的如此存在和善良的直接、原始的同一性就不会有效用。"① 在实践的社会领域，采用的是偶尔迸发的道德性语言、思维和行为，而不是坚持一种唯道德论，或者用现代的话说，它不是一个道德客观主义理论的一致性表现，难以坚守住道德思想与道德实践在任何情况下的反思与矫正能力，只是根据一时的实践情况或习俗惯例对状况的德性观照。它缺乏内在一致性和理论的一般性特征，伦理学着眼于这种相对性价值，但是伦理学在说明道德价值的有效性时，仍未在道德永恒性价值下做出理念性、超越性和及时性反思。

可以看出，阿多诺认为，伦理学范畴没有超越自然质朴性或伦理习俗的规定，只有建基于人性这一坚实的客观性基础上的道德思考才是他所认为的正确生活的基础。也就是说，道德的生活只有建立在具有客观性的人性反思基础上，个人实践才是真正属于个体自我的实践，同时也是正确的生活在现代社会生活的错误性中得以矫正的根源。人性的定义基本上可以用人性公式来理解，人是理性的存在者就是说人具有理性，能够意识到他者与自身的相等同，或者说，实践的准则必须坚守他者与自身的一致，从康德的意思来看，这种准则就是道德法则。既然是人的标志和定义，那么它就是我们道德的实践基础，经验、习俗与历史只能具有相对的合理性而不是反思道德生活的基础。

其二，阿多诺对道德概念的现代诠释和发掘，表明其道德理论为正确的实践提供了条件。从词的一般含义来看，"'Moral'（道德）这个词来自于拉丁文'mores'，我希望你们大家都知道这个词，'mores'就

---

① ［德］T. W. 阿多诺：《道德哲学的问题》，谢地坤、王彤译，谢地坤校，人民出版社2007年版，第16、17页。

是'Sitte'（伦理，道德）的意思。因此，人们就知道道德哲学翻译为'Sittenleehre'（伦理学说），或者是'Lehre von der Sittlichkeit'（关于伦理的学问）。……这里的首要原因在于，伦理的实体性，即一种正确生活的可能性，从共同体赖以存在的诸形式而言，是先前作出的规定，而现在则是已经存在的，它们业已是过期作废的东西，但却没有新的实体性，所以人们在今天绝对不能依赖这样的东西。"① 这种对伦理与道德的看法具有现代哲学的视野，道德的意涵主要是对伦理实体性的反思，但一种伦理实体性不再是正确生活的指南时，道德的超越性意义必须重新出现以重建伦理新的实体性形式。阿多诺的认识同时在西方道德话语系统中得到印证，麦金太尔就认为："拉丁文中没有任何可被我们准确译为'moral（道德）'的词汇；毋宁是，直到我们的'moral（道德）'一词又被反译回拉丁文时。它才有了这个词汇。当然，'moral（道德）'源自于拉丁文中的'moralis'。然而，恰如其希腊词前身'ethikos'（西塞罗在其《论命运》一书中发明'moralis'来翻译'ethikos'）。'moralis'的意思是'属于品格的（pertaining to character）'，而在那里，一个人的品格无非是其不变的性情，这些性情系统地以某类行为表现出来，并导向一种独特的生活。"②

　　不过，在阿多诺看来，现代"道德"这个词也存在着一定的问题，"道德这个概念还是一个疑难，主要是因为它源自 mores，也就是说，它公设了一个国家中公共伦理与个人的道德是一致的，即正确的品行及行为方式与个人的正确生活行为是一致的。……但是，这种一致性今天却不再可能被接受；其主要原因在于，共同体与个人相比总是占有优势，而我们经过了无数过程，就是在任何时候都被迫去适应共同体，以至于在我们自己的个人使命与那种用关联的客观性强制我们的东西之间根本不再可能产生像以往那样的一致性"③。这种黑格尔式的伦理思想着重伦理与道德实践的可能性，似乎也是一种相对主义的要求，它让人

---

　　① ［德］T. W. 阿多诺：《道德哲学的问题》，谢地坤、王彤译，谢地坤校，人民出版社2007年版，第11页。

　　② ［加］A. 麦金太尔：《追寻美德》，宋继杰译，译林出版社2003年版，第49页。

　　③ ［德］T. W. 阿多诺：《道德哲学的问题》，谢地坤、王彤译，谢地坤校，人民出版社2007年版，第13页。

们在实践过程中过多地侧重于人要与社会基本的价值倾向和规范观念相一致，而忽略了人的实践本身所受到的来自现实规范的制约与限制，一旦个人行为被国家或社会的道德伦理观念所同化，个人就不得不去适应当下的社会与国家的主要价值，从而不再思考个人的意志自由和实践生活的道德性意义。尤其是在现代社会中，无论国家层面的伦理还是社会的主流价值倾向，个体在社会中面临自我持存的要求时，经济或物质层面是人的第一需求，一种后果是最大限度地维护自我持存占据了伦理与道德的位置，那么，人的实践理性就变为自我持存的合理性，就会为道德的正当性进行辩护，人的意志的自由发挥似乎已经被阻隔，个体由于来自社会主流价值的钳制，就默认了黑格尔伦理思想中个人的道德与国家中公共伦理相一致的可能性是人存在的必然，而没有考虑个人自主性价值的意义。

因此，阿多诺的道德观念，尽管从历史社会的视角去解析问题，但他还是坚守着道德客观主义者的原则，理论与实践的同一性是其道德哲学观念得以成立的根底，也是批判主义者自觉的理论依据。而伦理与道德、伦理学与道德哲学之别，则更为清晰地揭示出道德哲学或者道德客观性的存在对当下社会的不可或缺性，没有了道德哲学的研究就无所谓道德形而上学的反思，也就无法对现实社会的不合理性进行批判。

三　康德道义论对阿多诺理论选择的价值

阿多诺对道德哲学范畴的厘清与康德道德哲学的倚重，表明其道德观念对个体正确生活的意义。在阿多诺看来，道德哲学的本质事关正确生活的存在，这不但是理论问题也是实践问题，"真正的道德哲学核心问题的事情是特殊的事物、特殊的利益、个人的行为方式和特殊的人与普遍性的相互对立的关系"①。道德哲学在于矫正整体利益与个体特殊利益之间的问题，它通过理性矫正自己的思想和实践，以致自由也存在着消极的自由与积极的自由之分。个人的行为在实践中具有道德性，必须回到对特殊利益与整体利益的理性反思层面，个体运用理性反思来消

---

① ［德］T. W. 阿多诺：《道德哲学的问题》，谢地坤、王彤译，谢地坤校，人民出版社2007年版，第20、21页。

解自身的特殊性，但不是消解自身理性反思的道德性指向。如果自身仅仅附着于整体利益而无人性的反思，那就会消解掉自身道德反思与道德实践的价值。

其一，阿多诺认为，康德道义论具有对社会的规范性意义。规范性问题在于三个方面，首先，作为道德的人的"我"必须持有理性一致性的观点，这说明"我"本身持有规范性的立场。其次，"我"所持有的理论本身具有"透明性"或一种理论的合理性。最后是"我"的人格具有同一性。① 科尔斯戈德认为，康德道德哲学的规范性诉诸自律，"康德主义者认为，道德要求的规范性来源必须在行为者自身的意志中寻找，特别要基于这一事实：道德法则是行为者自身意志的法则，道德要求是行为者施加给自身的要求。行为者对于自身行动具有自我意识的反思能力，赋予我们对自身的权威，正是这种权威给予道德要求以规范性。"② 从科尔斯戈德对规范性的定义和康德道义论所具有的规范性中可以看到，康德道义论是规范性的典型。

阿多诺用人格同一性概念来说明建基于人格同一性的道德哲学的重要性意义，即道德哲学的概念在于理性的存在者对个人自身如何实践有一定的道德律令与理性反思的能力，个人的正确生活需要个人理性的反思与实践这种反思内容。人格性这一概念，在阿多诺看来，就是人格的同一性，这种同一性是一个理性存在者，是一种康德意义上的个人或时刻考问什么是个人，既与一般性的规范相关，又与超越经验规范规约相关。"根据康德的学说，对正在行动着的个人的诸规定，涉及的并不是作为单纯经验的、单纯此在的（daseidndes）、自然的存在者，而是应当超出这个范围。"③ 只有如此，才能使人格性表现出来，在经验与超越之间展现出人格同一性的存在。但是，阿多诺注意到，人格同一性来自于对经验规范的贯彻与超越，而且从中受到了一定的限制，这个限制来

---

① 这三个方面对规范性问题的界定来自科尔斯戈德，可参阅［美］克里斯蒂娜·科尔斯戈德《规范性的来源》，译文出版社 2010 年版。

② ［美］克里斯蒂娜·科尔斯戈德：《规范性的来源》，译文出版社 2010 年版，第21页。

③ ［德］T. W. 阿多诺：《道德哲学的问题》，谢地坤、王彤译，谢地坤校，人民出版社2007年版，第15页。

自于一定的经验规范是建立在一定的文化内涵、历史传统和意识形态上的，如果超越一定的经验规范以建构自身的人格同一性，似乎难以摆脱经验规范对主体自身的基本规定，难以逃离伦理与习俗的基础，所以说，超越一定的习俗性的、伦理性的规范还不能完全成为反思一种正确生活的本身意义，那么，回到"什么是个人"、我应该怎样行动这样的疑问中，就已经进入道德实践者本身之中，反思的力度似乎更能指向个人的正确生活。在启蒙时期的理性统治下，带有极权性质的理性统治着现代社会的意识形态，阿多诺认为，反思与批判这种既有的境况，康德道德哲学具有一定的积极意义。"康德的道德哲学对自己的启蒙批判严加限定，以便尽可能地挽救理性，相反地，不具备反思能力的启蒙思想却为了给现存秩序争取到充分的空间，总是从自我持存出发，力争把自己提高到怀疑主义的高度。"① 现代启蒙理性的极权在于把个体的自我持存能力作为一种不可辩驳的结论，在其中，它把所有人类文明形式、内容和意义价值统统置于维护个体自我持存的范围之内，怀疑任何不与这一目的相一致的地方。康德的道德哲学提供了反思这种意识形态的能力，为理性逃离这种工具性和极权性留下了空间。

其二，阿多诺认为，康德道义论体现了一种自为的善的价值。康德道德哲学注意到个体的理性自我持存与社会整体的无理性的对立，那么它处理的方式就是从自我的角度按照理性的道德法则来实现一种自为的善。只要自己按照理性的道德法则行动，不再以自我持存的后果要求为目的，正确的生活与善的行动就已经相一致了。当人为了自我持存并希望得到幸福时，理性给出了一个预期的后果。但是，社会结构本身就完全是这个理性的设计，但常处于非理性的状态。那么，人的自我持存与幸福就是难以兑现的，个人利益与总体利益必然会发生分离。阿多诺认为，康德道义论就是先确定一个至高无上的理性的道德法则和确立一个自为的善的动机与目的，当绝对命令与这个生活实践的总的要求发生分离时，康德只有把这个道德法则作为一个绝对的东西，就是把绝对命令当作一个绝对物来崇拜。尽管康德设定了一个绝对物来崇拜，但是达到

---

① 〔德〕马克斯·霍克海默、西奥多·阿道尔诺：《启蒙的辩证法》，渠敬东、曹卫东译，上海世纪出版集团 2006 年版，第 80、81 页。

了一个不以后果为目的的善的成立。这个善是自为的,不具有欺骗性。"人们可以说,这里存在着一个拜物教的范式,在我看来,这其实是批判康德道德哲学的最重要的因素,我想说的是,无上命令的学说崇拜这种放弃,也就是说,它使放弃与补偿无关,与最后日期(terminus ad quem)无关,它把这种放弃变成一种自为存在,一种自为的善。"① 因为,对于阿多诺来说,康德道义论寻求的是:个人和人类的幸福与人的纯粹理性的行为无关,理性则是独立于这个幸福的预设,理性变成了人与人类的终极目的。尽管现实生活中的个人与人类寻求幸福的工具化理性与基于道德法则把个人和人类做为目的的理性发生了二律背反,可是康德道义论正是在这个基础之上建立的,并且寻求一种处理这一矛盾的方法。"康德一方面讲,人们应当仅仅为了道德法则本身的缘故而遵守道德法则,但另一方面,人类则被看做是道德法则的目的,康德在这方面努力寻求一种中介。"② 一方面,阿多诺在这里认为,康德用道德法则的无上命令统一了工具化的理性与把人类作为目的的理性。他认为,基于道德法则的动机就表现了这一点,因为康德的道德法则具有纯粹性,当这个道德法则应用于实践时就是纯粹实践理性而无其他。另一方面,阿多诺认为,康德关于"善"的观念在其思想中的重要性必须明确。在实际生活中,基于理性目的的善而做出的行为才是真正的善的表现形式。他说:"善,即在此时此地(hic et nunc)正确的行为并非直接等同于人类整体意义上的善。……这是一种敬重(Distinktion)的直觉,而不是那种制造错误的同一性的直觉,比如,用一个暴力王国把在我们生活的世界中确实分离的事物统一起来。"③ 可以这样来理解,把基于人类意义上的善与正确行为的善必须进行区分,虽然前者会导致现实不正确的行为,后者的行为则可能在现实中得到认可。他认可康德道义论具有优先性,并且说明后者的善失去了任何可理解的内容,只能使之作为一种抽象的统治而已,保留只是个体内部的利益和合法性的需求。最后,阿多诺认可康德道义论就是把这种以目的证明行为的正确与

---

① [德] T. W. 阿多诺:《道德哲学的问题》,谢地坤、王彤译,谢地坤校,人民出版社 2007 年版,第 159 页。

② 同上书,第 160 页。

③ 同上书,第 161 页。

基于人类整体而善的行为加以化解，这就是康德道义论的规范意义。

其三，阿多诺从整体利益与个体利益、特殊与一般对康德道义论的观点进行论述，这与现代西方康德主义者达成了一致。罗尔斯这样说明康德的思想："他认为道德哲学不是对如何获得幸福的研究，而是对如下问题的研究：假如我们是值得我们确实获得的幸福的，我们应该如何行动。这个思想规定了康德道德学说的特色。"① 罗尔斯从幸福与如何才能获得幸福的视角说明了康德的诉求。涛慕思·博格则从理论的内在论证中说明康德道义论所追求的内容："康德几经反思的观点是，道德哲学不是完全纯粹的（虽然要完全奠基于它的纯粹部分）。我们不需要任何经验知识就能看出，准则能够被允许，取决于能否通过绝对命令的检验。但为了确定某个特定的准则能否通过绝对命令的检验，我们就需要某些一般性的知识。康德的问题并不是：我能否愿意自己的准则在任何语境中都可被普遍接受？康德的问题其实是：我能否在我们世界的现实自然法则的语境中愿意这种普遍接受？"② 可以看出，在整体理论思想方面，阿多诺所认识的康德道义论与两者具有一定的差别，英美诠释者注重理论内部重要问题的澄清，而不是直接地付诸实践。阿多诺则更注重理论价值对现实社会的有效性作用。

第三节　类型与视角：阿多诺诠释康德道义论的路向

阿多诺没有关于道德哲学的专门著作，更无道德哲学体系，但这并不代表他没有关于道德哲学的问题意识和独到见解。在阿多诺的著作中，无论是《最低限度的道德》和《道德哲学的问题》，还是《启蒙的辩证法》《否定的辩证法》，都反映出他对道德哲学和现代社会道德性的关注。有学者曾认为，阿多诺从启蒙的辩证法到否定的辩证法就是道

---

① ［美］约翰·罗尔斯：《道德哲学史讲义》，张国清译，三联书店 2003 年版，第210 页。

② ［美］涛慕思·博格：《康德、罗尔斯与全球正义》，刘莘、徐向东等译，上海译文出版社 2010 年版，第 17 页。

德哲学的研究。① 就阿多诺的整体思想而言，可以从两个方面界定他关于道德哲学的思想。从狭义的道德哲学来看，阿多诺借助康德道义论作为一般道德哲学的理论阐释，并赋予康德道德哲学处理现代社会道德问题的基础性功能。从广义的道德哲学来看，阿多诺是批判理论的重要代表，其理论维度与价值诉求在于批判现实社会的无道德性和为现代社会寻求道德性提供理论支持，从而寻求现代社会道德的最低限度。

因此，通过阿多诺对康德道义论的诠释，我们能够看到他对康德道德哲学的反思与探讨，也能够管窥他对道德哲学的见解，更能够清楚地洞悉他对现代社会无道德性批判的根源。所以，明晰阿多诺诠释康德道义论的类型和视角，就能够使我们把握其诠释的主旨，也能够合理地理解阿多诺的道德哲学思想。

一　阿多诺诠释康德道义论的所属类型

关于阿多诺对康德道义论的诠释，先要明晰他诠释的类型，这有助于我们理解阿多诺的道德哲学内容，也有助于阿多诺道德哲学的理论诉求。这就涉及诠释学的定义。诠释学的一般定义在于："诠释学是具有历史性、整体性和循环性特征意义的理解与解释之方法论学说。"② 一般对诠释学的理解涉及三个层面或三种不同的理路：一是技术诠释学；二是哲学诠释学；三是诠释哲学。技术诠释学在于对文本的理解和解释，并指出一个正确的方向和理解的规则，并不涉及探究一般的理解问题。可以说，这种诠释学是用现时的语言给出对文本的理解和表达。"哲学诠释学的任务，是探索语言、符号与象征的理解与基础。"③ 这种诠释学超越了理解规则的限定，从而能够包含更为宽泛的意义在里面。"哲学诠释学与技术诠释学的两个根本区别：第一，技术诠释学承认在本文中存在着最初的意义，理解与解释的过程就是不断接近它的过程，伽达玛拒绝这一点，他认为在对话中具体展开的意义是永远开放的，而不是接近绝对真理；第二，技术诠释学承认存在着阐释的一般规则，人

---

① 马丁·杰的观点，参阅 [美] 马丁·杰《阿多诺》，瞿铁鹏、张赛美译，张晓明校，中国社会科学出版社1992年版。

② 潘德荣：《诠释学导论》，五南图书出版公司1999年版，第4页。

③ 同上书，第7、8页。

们可借此揭示意义，但在伽达玛看来，这种所谓的标准根本无法包容历史性和相对性。"① 而诠释哲学在于"如果说，技术诠释学的目的在于不断地接近本文的原意，那么诠释哲学则正好相反，它旨在从阐释过程中获得有别于原意的新的意义"②。但是这里诠释哲学的内容在于自己的一种理解和表达，也可以说，自己对哲学的一种重新理解与发挥，其内容、范畴和语言有别于文本。

前文已经对康德道义论的理论背景和主旨思想做了说明，由于康德道义论的内容庞大、思想严密和文本之间联系性紧凑，只概括基本思想难以理解其思想的整体和意义。阿多诺对康德哲学的诠释，主要在于从《纯粹理性批判》到《实践理性批判》再到《道德形而上学基础》的阐释。但是，他的诠释目的关涉到社会生活的道德性，把说明现实社会道德问题放在了优先位置。这较为符合康德理论"实践理性优先性"的思考，可见，梳理理论的基本含义、阐明对相关内容和联系实际生活的意义，这属于哲学诠释学的范围。

阿多诺的论述也表达了这一层含义。他说："我们在一定程度上以一位思想家提出的问题作为指导，这位思想家极其鲜明地强调，道德是与生活中的其他领域处于尖锐对立的一个范围，这位思想家还极其鲜明地提出我们已经向你们说过的二律背反、各种矛盾等。这就是说，我愿意在相当大的程度上以康德为指导，以康德哲学的一些规定为指导。"③ "我们想通过把我们在这里进行的观察与讨论康德的道德哲学结合起来的方式，使我们的观察切中要害，言简意赅。"④ 可见，阿多诺把康德道义论作为思考道德哲学的基本理论，通过基本理论的阐释和对现实社会实践的思考，来挖掘基本理论的实质与不足。有学者指出，阿多诺关于哲学的研究就采用了这种方式，"阿多诺所提示的'解释'与狄尔泰们所提倡的'解释学'的立场没有任何关系，它是指像对待先前所提出的'解谜画'那样的一种态度。狄尔泰的解释学是根据过去与现在

---

① 潘德荣：《诠释学导论》，五南图书出版公司1999年版，第8、9页。
② 同上书，第9页。
③ ［德］T. W. 阿多诺：《道德哲学的问题》，谢地坤、王彤译，谢地坤校，人民出版社2007年版，第23页。
④ 同上书，第25页。

所存在的人类的共通性，去彻底、客观地了解以往人类精神的产物，其前提是把作者的意图与意思看作过去的文本与文化产物中永存不变的东西。现在来看，它的前提是：它虽然呈现出含有谜底的'解谜画'的样态，但在那里也存在着解答的密码。"① 可见，阿多诺诠释哲学是以理论为实践提供依据作为出发点的，以表达自身的理解和立场为目的。这既是一种对基本理论的解读又是对基本理论的超越，因此，阿多诺的诠释虽能够对理论做出一定的解读，但关涉社会道德问题并给出了相应的反思和批判。简言之，既给出解释又给出自己的立场和见解，对于正确的社会生活实践具有直接性意义，这充分说明了阿多诺的诠释属于哲学诠释学。

二　阿多诺诠释康德道义论的视角

从哲学诠释学层面来看，每一个人对经典文本思想的理解都有所不同，但诠释也有相同的一面。如果只是基于相同的诠释视角，那么，凸显理论的差异性就无从谈起，更无法促进经典理论的发展。因此，把握阿多诺诠释康德道德哲学的视角，有助于理解阿多诺诠释内容的独特性，更有助于理解阿多诺的道德哲学。那么，阿多诺诠释康德道义论的视角是什么呢？

一方面，把握康德哲学中"理性"同一的特征，说明阿多诺是从整体性角度把握康德道义论的。同时，这也说明阿多诺对康德道义论的诠释不仅是在道德方面，而且与康德认识论相关，更与康德哲学整体相关。阿多诺认为，康德道义论中的理论理性与实践理性是同一个"理性"，这个理性在理解上不能发生任何偏差，也应当具有相同的含义。在诠释康德的认识论时，阿多诺阐明了康德哲学的理性统一性，"在康德视域中，每个步骤都遵循合乎理性的原则。理性统一要素连接着哲学的不同方面并在各个方面得以检验，这也是理性解释的方式并且无批判地接受形式逻辑原则。对于哲学不同部分，区别在于相同的理性对于不

---

① ［日］细见和之:《阿多诺:非同一性哲学》，谢海静、李浩原译，卞崇道校，河北教育出版社 2002 年版，第 53 页。

同的客体而已。"① 在诠释康德道德哲学时，阿多诺也阐明了理性的统一性："我认为，同一的因素——我立即就会向你们讲述这个因素——是理解全部康德道德哲学的关键，因为在康德的理论哲学与实践哲学之间的同一因素，就存在于理性这个概念自身之中。……因此，对康德来说，理性对理论与实践都是建构性的。"② 可见，阿多诺在诠释康德道德哲学的开始就说明了康德"理性"的同一特征。阿多诺认为，尽管康德在各个部分中"理性"概念的含义有些含混，但理性在理论理性和实践理性的建构上是同一的。"理性始终是存在于康德哲学各个部分之中的理性，由于这些部分是不同的，所以，在不同部分中的理性也是不同的。在这里出现的理性，是理性的工具（Organon），它有时叫判断力，有时叫知性，简而言之，理性在这里是正确思维的工具；在康德这里，不论它叫什么名称，都是同一个东西。"③ 这就奠定了阿多诺对康德道义论诠释的基本视角，即只有先从康德认识论开始，才能够理解"理性"同一的特征。阿多诺进一步说道："这就意味着，实践哲学是这样一种哲学，它纯粹地合乎理性，并且在其合乎法则的规定中绝对不会从与外部相适应的材料方面去考虑某个正在认识的、行动着的主体。道德的就是质料的（material），因此，自我的行动结果与康德的理性法则的纯粹性相等价，也是道德的。"④ 由此可知，阿多诺的诠释视角符合康德关于纯粹理性和纯粹理性实践的连贯性，康德在《实践理性批判》开篇就表明了这种连贯性："这个批判应当单单阐明纯粹实践理性是存在的，并且出于这个意图批判理性的全部实践能力。如果它在这一方面成功了，它就无需批判纯粹能力本身，以发现理性是否以这样一个过分僭越的要求，超越了自己（一如发生在思辨理性那里的情况）。因为如果它作为纯粹理性是现实地实践的。那么它就通过事实证明了它的实在性和它的概念的实在性，而反驳它有可能具有实在性的一切诡辩便

---

① Theodor W. Adorno, *Kant's Critique of Pure Reason*, Edited by Rolf , Tiedemann Translated by Rodney Livingstone (Stanford California, Stanford University Press, 2001), p. 14.

② ［德］T. W. 阿多诺：《道德哲学的问题》，谢地坤、王彤译，谢地坤校，人民出版社2007 年版，第29 页。

③ 同上书，第30 页。

④ 同上。

是徒然的了。"① 因此说,阿多诺的这一诠释是基于康德哲学的理论一致性而言的,并非文本形成的顺序和哲学分部的研究。

另一方面,阿多诺注重批判的、矛盾的和辩证的理论视角。对哲学家的思想进行批判与反思是阿多诺进行哲学研究的一贯风格。"对于著作解释,阿多诺采取一种与以往哲学、思想的传统极为矛盾的态度。将已知的著作作为谜去经常进行新的探索的同时,阿多诺'解释'的方法像质问海德格尔的存在一样,拒绝从根本上去重新研究。"② 因此,只有对思想家的整体思想进行有效把握,才能诠释有关内容的关联性。所以,由于理论视角的原因,阿多诺的诠释似乎集中在两个康德道德哲学统观性问题上,即对"自由观念"和"道德法则"的诠释。自由观念和道德法则可以关联到康德道德哲学的整体性内容上,阿多诺对这两个问题的重要性进行了阐明,自由观念涉及康德道德哲学的理论诉求,也涉及自由问题对现实社会的意义,"有无自由意志问题的意义十分重要,犹如技术术语无力反对要求它们的意思的必要性一样。由于司法和惩罚的过程——以及在整个哲学传统中所谓的道德或伦理学的可能性——取决于对这一问题的回答,所以我们的理智需要不允许我们把这个朴素的问题说成是'假问题'。……我们不必反思目前讨论的论题,判断它们存在还是不存在,而是要扩展它们的定义,以致包括把它们固定下来的不可能性,甚至要考虑它们的强制性"③。尽管,阿多诺把自由作为一个"假问题",但还是强制自己去扩展自由问题的永恒性,而不是真正把"自由"作为一个假问题来处理,从而阿多诺在诠释康德道德哲学时,自由观念就成为关联诠释的主要内容。而对道德法则的诠释,阿多诺更是把其视作康德道德哲学的主要脉络。"全部康德哲学的视角是客观的,而把先验表象视为主体论的观点则是短视的,因为恰恰与此相反的是,康德哲学表现出这样一种企图:通过归结为主体(reductioad subjectum)的方法拯救最高的法则和表述的有效性。这点与康

---

① [德]康德:《实践理性批判》,韩水法译,商务印书馆1999年版,第1页。

② [日]细见和之:《阿多诺:非同一性哲学》,谢海静、李浩原译,卞崇道校,河北教育出版社2002年版,第54页。

③ [德]阿多尔诺:《否定的辩证法》,张峰译,重庆出版社1993年版,第206、207页。

德道德哲学的目的完全并且绝对的相一致，这种道德哲学的目标，就是在把纯粹主体的原则归结到理性本身的同时拯救道德法则的绝对的和牢不可破的客观性，以致人们可以在这个意义上说，道德的最高原则，即无上命令（das kategorische Imperativ），在根本上不外乎就是主体理性自身，不外乎就是一个绝对的、客观的有效者。"① 这就表明在康德道德哲学中，道德法则具有通惯性，它是康德道德哲学最终目的的重要理论支撑。只有充分理解道德法则的内容和性质，才能够理解康德道德哲学的理论整体和价值诉求。

　　综上而言，阿多诺的诠释类型决定着他的诠释，不在于文本之间合理性的解读，而在于对相关问题的反思，更在于相关问题所具有的现实意义。从阿多诺的诠释视角来看，尽管阿多诺诠释康德道义论以理论理性与实践理性相同一为视角，但是阿多诺并没有把"理性同一"作为诠释的基本内容，而是通过以"自由观念"和"道德法则"在康德道义论中的重要性为主线进行诠释，同时展现他理性同一的视角。换言之，阿多诺把"理性同一"作为一条"潜在"的内容，通过诠释"自由观念"和"道德法则"，既展现了阿多诺对"自由观念"和"道德法则"的批判和反思，也说明了理性同一在其诠释中的重要性。

---

① ［德］T. W. 阿多诺：《道德哲学的问题》，谢地坤、王彤译，谢地坤校，人民出版社2007年版，第36页。

第四章　阿多诺道德哲学的展开:诠释
康德道义论中的"自由观念"

阿多诺认为,自由在康德哲学中具有极端重要性,"自由观念"是阿多诺诠释康德道义论的重要内容。因为"自由的二律背反是康德哲学的一个本质要素,如同自由的辩证法是黑格尔哲学的一个本质要素一样"①。自由观念涉及康德道德哲学最为普遍的问题,既是认识论问题中的核心,也是道德哲学的核心。"康德的道德哲学最普遍的问题,它同时也是你们在这方面必须记住的首要问题,就是自由的问题,即意志自由的问题,这点是必须开宗明义的。……自由的问题是道德哲学的真正的根本问题,这点或者是明白无误的,或者是显而易见的,或者同有些人企图对自由和因果关系加以规定,以及对它们之间的相互关系加以设想的那样,只有经过许多解释工作才是明确的。"② 通过阿多诺对"自由观念"的诠释,既能够理解康德自由观念的重要内容,也能够看到阿多诺对该内容的反思。因此,本章的主旨在于,理清阿多诺对自由观念的诠释和认识阿多诺对自由问题的观点。首先,我们要理解康德"自由观念"的基本内容。其次,梳理阿多诺是如何诠释康德"自由观念"的。最后,挖掘阿多诺诠释康德"自由观念"的独特性,从而彰显阿多诺关于自由观念和自由问题的基本思想。

---

① [德] 阿多尔诺:《否定的辩证法》,张峰译,重庆出版社1993年版,第210页。
② [德] T. W. 阿多诺:《道德哲学的问题》,谢地坤、王彤译,谢地坤校,人民出版社2007年版,第31页。

第一节   康德的"自由观念"

在康德哲学中，"自由观念"是以"先验自由"开始的。"先验自由"是指纯粹理性的自发性，不受"自然的因果性"决定并重新开启新的因果关系序列。"实践自由"说明的是，在道德哲学中人不能受到爱好、欲望情感和经验性需求等方面的决定，人的纯粹理性在实践时能够做到"人"的实践，以奠定人性或道德性，这被称为"消极的自由"。与之相对的是"积极的自由"或"自由意志"，它在于与道德法则的一致性，并按照道德法则进行实践，这就是人格的同一性。从而"先验自由"被作为人类纯粹理性的自发性而出现，它不再受自然因果性的决定。"实践自由"则是人在社会实践中，不受感性和任意的束缚，以人的理性摆脱感性方面的控制，并按照道德法则的命令去探求人格的同一性和纯粹理性的实践有效性。二者之间是理性同一的体现，也是"人"作为道德性动物的重要表现，下文分别阐明康德对它们的论述。

一   先验自由

在康德哲学中，"自由"作为一个理念出现在纯粹理性的"二律背反"的第三个背反中。作为具有认识理性的存在者来说，我们是受到自然决定论的决定，还是具有第一原因的自主者，这成为康德理性批判的重要内容。"我的出发点不是对上帝存在、灵魂不朽等等的研究，而是纯粹理性的二律背反……直到第四个二律背反（应为第三个二律背反。——引注）：'人有自由；以及相反地，没有任何自由，在人那里，一切都是自然的必然性'。正是这个二律背反，把我从独断论的迷梦中唤醒，使我转到对理性本身的批判上来。"① 在对第三个二律背反的论述中，康德综合了经验主义和唯理主义两种不同的见解，前者认为只能受到自然因果性决定论的决定，后者认为总有一种开启第一因的能力存在而不能接受自然因果性的决定。康德这里要融合二者的重要内容，既

---

① ［德］康德：《彼岸星空：康德书信选》，李秋零译，经济日报出版社 2001 年版，第341、342 页。

要回到经验世界里,又要对第一因做出一个融合二者的说明。在二律背反的第三个冲突中,康德从因果范畴的角度来说明自然与自由的关系,从而成为谈论自由理念和自由能力的起点。

在论述四个"二律背反"的第三个冲突时,由于此前因果性出现在十二对纯粹概念中,即关系范畴中的"实体性"、"因果性"和"协同性"。"因果性"作为其中的核心已经凸显出来,"至于就三个关系范畴即'实体性'、'因果性'和'协同性'相比较而言,则看起来'实体性'是基础,'因果性'不过是实体的两种不同或相反状态相继发生的关系而已,而'协同性'(交互作用)则是因果关系的自身回转(互为因果);然而实际上,因果性却被理解为实体范畴的真正基础"①。可以看出,康德在先验分析论中对因果性就有了重要的倚重,但对于因果性在经验与先验层面的处理还没有展开。而在第三个背反中,对自由作为理念的处理必须从因果性在自然中具有必然性的冲突中展现出来。那么,康德是如何从二律背反的冲突中说明自由这个理念的呢?第三个二律背反是:

> 正题:按照自然律的因果性并不是世界的全部现象都可以由之导出的唯一因果性。为了解释这些现象,还有必要假定一种由自由而来的因果性。
>
> 反题:没有什么自由,世界上一切东西只是按照自然律而发生的。②

这里主要出现的冲突在于,自由作为一种客观必然性和自然的因果性③产生一种客观必然性之间的冲突。自然的因果性是认识世界中自然

---

① 邓晓芒:《康德哲学诸问题》,生活·读书·新知 三联书店 2006 年版,第 54 页。

② [德]康德:《纯粹理性批判》,邓晓芒译,杨祖陶校,人民出版社 2004 年版,第 374 页。

③ 自然的因果性在于:前面存在着一个原因,后面就接着有一个结果,这种关系体现了前因与后果的一致性,一致性表明了前因决定后果的关系。不仅是一个原因接着一个后果的出现,还有整个自然的序列能够决定后果,从而任何认识都在于寻找到原因和原因序列。而自由则不同,自由不受自然序列和因素的决定,自由成为一个原因序列的开端并开启一个因果的序列,避免了原因的无穷递推所导致的无法完成的因果序列。可以说,自然的因果性在于对原因的追溯及其在确定性的寻求方面确定后果产生的有效性;自由则不关心后果的发生,只注重第一因的定义和开始是如何发生的。因此,康德所面临的情况就是自由能够开启一个因果性的序列,又能够说明这个自由开启的序列符合因果性的序列。

认识的客观必然性存在的基础，而自由则是由认识的先天直观形式到先验范畴的知性概念而得出的先验理念，同时具有一种先天的本质，所以也具有客观必然性。既然如此，那么这两种必然性是如何发生认识道路上的冲突的呢？康德认为，只有把这个问题处理好，才能解决认识的出路问题，也就必须对自然因果性和自由的含义与关系进行合理的处理。康德认为，自由是基于一种原因的纯粹理性自发性，是一种先验的自由或先天存在的自由的能力，即先验自由。先验自由说明了认识主体本身具备开启一个原因和因果序列的能力。"自由的先验理念远没有构成这一号称的心理学概念多半的经验性的全部内容，而只是构成行动的绝对自发性的内容，即行动的可归咎性（Imputabilitat）的真正根据；……所以我们现在也就斗胆在世界进程当中让各种不同序列按照原因性自发地开始，并赋予这些序列的诸实体以一种自由行动的能力。"① 但这种先验自由作为一种纯粹理性的自发性能够开启一个原因性序列的开端，又怎么能够回到一个因果性序列中，如果不能够说明这二者是相容的，那么，显然先验自由本身就是不够正当和合理的，因为它能够造成一种偶然性的变化和任意开启的一个原因。

康德认为，如果自然因果性序列的递推是无穷的，就不可能追溯到一个第一因的存在。"但在这里，我们不可以因为这样一种误解而妨碍自己，即以为由于在世界中的一个相继序列只能有一种相对的开始，因为毕竟总是有诸物的一个状态在世界中先行于前，所以，在世界进程中恐怕序列的任何绝对的第一开端都将是不可能的。"② 既然不能够在自然序列中有一个开端，那么这个开端又怎么能够由先验自由的能力做出，并且能够作为因果序列的一个开端。"如果我现在（例如说）完全自由地、不受自然原因的必然规定影响地从椅子上站起来，那么在这个事件中，连同其无限的自然后果一起，就会绝对地开始一个新的序列，虽然按照时间这个事件只是一个先行序列的继续而已。因为这个决定和行为根本不处在单纯自然作用的顺序中，也不是这些自然作用的单纯继

---

① ［德］康德：《纯粹理性批判》，邓晓芒译，杨祖陶校，人民出版社 2004 年版，第 376、378 页。

② 同上书，第 378 页。

续，相反，规定性的自然原因就这一发生而言完全终止于其上，这一发生虽然跟随自然原因之后，但并不由此实现出来，因而虽然不是按照时间，但毕竟是就原因性而言，必须被称之为诸现象的序列的一个绝对的开端。"① 可见，康德说明的是，自由开启的这个序列不是时间性范畴的一个展开，而是先验的自由理念对时间序列的一种必然性作用，以在对理性的遵循之下开始的一种先验层面的原因为开端。康德凸显了先验自由能够和经验的实在论相容。换言之，作为具有认知能力的主体在认识事物时，不但基于经验层面的考虑也要有理智层面的能力，在理念的范导性支配下，能够就经验层面的实在进行客观必然的认识，并且理智能力能够开启一个经验层面的因果关系序列。

二　实践自由

相对于先验自由是思辨理性中的重要概念而言，实践自由则是纯粹理性实践中的重要概念。在宇宙论中，先验自由作为一种纯粹理性的自发性能力，与实践中理性作为一种纯粹理性的意志，被行动者认识并体现到实践中。二者虽互不冲突，但分属于对理性考察的两个范围，所以说，它与纯粹理性能力虽相互统一但肯定有所区别。在先验辩证论中，自由本来作为一个理念，在第三个二律背反中，变为一种"纯粹理性的自发性"，成为一种自由的能力，它能够展现出以自己为原因的一个自然因果序列的开始，即先验自由。但康德较为明确的是想说明，先验自由主要是在实践理性中展开的。

康德坚持的是先验的观念论和经验的实在论，因此，自由作为先验观念表现为一种纯粹理性的自发性或自由能力，这样就必须在实践中体现出这种能力的价值。康德说："所以在对宇宙论的理性理念进行规定的独断论这一方面，或者说在正题方面所表现出来的，第一，就是某种实践的利益，这是每个善意的人当他懂得了自己的利益时都会热情关怀的。说世界有一个开端，说我的思维着的自己具有单纯的因而不灭的本性，说这个自己同时在其任意的行动中是自由的并被提升到自然的强迫

---

① ［德］康德：《纯粹理性批判》，邓晓芒译，杨祖陶校，人民出版社 2004 年版，第378、379 页。

之上，最后，说构成世界的那些事物的整个秩序都来源于一个原始存在者，一切东西都从这个原始存在者那里借取其统一性和合目的的联结，这一切都是道德和宗教的基石。反题则把这一切支撑物都从我们这里夺走了或至少是显得把它们从我们这里夺走了。……在对宇宙论进行规定时的经验论方面，或者说在反题方面，第一，找不到任何出自理性的纯粹原则的，如同道德和宗教所具有的那样一种实践的利益。单纯的经验看来反倒像是把道德和宗教的一切力量和影响都剥夺了。如同根本就没有与世界区别开来的原始存在者，如同世界没有开端因而也没有创造者，我们的意志不是自由的，而灵魂与物质具有同样的可分性和可朽性，那么就连道德的理念和原理都会丧失一切有效性，而与构成其理论支柱的那些先验的理念一起垮台了。"① 所以说，一旦先验自由在实践中体现出来，即是说，在实践中使这个自由能力发挥出来的就是实践的自由。那么，实践的自由是理性的和先验的，它区别于两种自由——动物性意志的任意的自由和人感性的任意的自由。不过，只有这两种自由的存在才能体现实践自由的价值和独特性。它不再是理论理性或宇宙论中那个被发现的先验自由，而是人在理性的实践中被发现的自由的能力和自由意志。实践的自由作为一种能力，因为只有区别了动物性的任意和感性的任意，才能够说明人的独特性或称之为人性的存在。这里最为重要的转变在于，先验的自由是论述人作为理性的存在者有一种区别于他者的理性的纯粹自发性的能力，这是理性的事实。实践的自由则在于说明人作为理性的存在者可以在实践的范围中，理性把这种能力变为一个行动事实，也可以说，人从一个理性存在者变为一个理性的行动者。

　　感性任意的自由和动物性的任意共同存在于人之中，作为具有实践自由的理性存在表现为一种"消极的自由"。在这里，"消极的自由"具有独立的特性，以证明人是具有理性的存在者和道德性的存在者。康德明确地指出："因为实践自由的前提在于，虽然某物并没有发生，但它本来应当发生，因而它的原因在现象中并没有如此确定，以至于在我们的任意中不包含某种原因性，这种原因性独立于那些自然原因，甚至

① ［德］康德：《纯粹理性批判》，邓晓芒译，杨祖陶校，人民出版社 2004 年版，第389、390 页。

违抗自然的强制力和影响而产生某种在时间序列中按照经验性规律被规定的东西,因而完全自行开始一个事件序列。"① 这里主要是要阐明,先验自由表现在实践中是一种消极层面的论述,这是先验自由从经验层面和实践层面得以发掘的表现,同时也是实践自由表现出来的状态。实践自由作为理性的因果性,如何能够按照理性的法则和理性的要求去坚持自律呢? 也就是说,实践自由的积极方面又是什么样的呢? 积极的自由或自由意志,即自由在于与道德法则的统一,以成就人的实践本身。意志是被意向的东西,既可以被感性所意向也可以被理性所意向。康德认为:"那么,意志自由只可能是自律性了,意志的一切行动都是它自身规律这一命题,所表示的也就是这样的原则:行动所依从的准则必定是以自身成为普遍规律为目标的准则。这一原则也就是定言命令的公式,是道德的原则,从而自由意志和服从道德规律的意志,完全是一个东西。"② 实践自由积极层面的含义在于:能够把善良意志与道德法则连接起来,积极的自由表明自由意志与道德法则能够达成一致并实现自身的自律,以及善良意志的初衷。但是其中的自由意志作为至善和道德法则的中间桥梁是一种什么样的关系呢? 康德赋予自由意志一种新的因果关系的表达,从消极的自由而言,我们为什么具有自由的意志? 这是因为人具有一种至善的观念,这是理性在实践中的最高决定因,而自由意志就是这种最高因能力的反映。这似乎表明意志与自由之间的因果关系表现出一种循环论证的情况。但是康德认为:"我们还剩下一条出路,那就是研究一下:在我们认为自己是通过自由而起作用的先天原因时候的观点,和认为自己的行动是我们眼前所见结果的观点,是否并不相同。"③ 这就表明,自由是属于理性的和先天的存在的,而意志则不仅属于理性层面,又可能属于感性层面。自由是按照理性的法规去意向的,意志则是被意向的东西所决定的。自由与意志之间的关系必须在先验的领域或理智世界中加以说明,自由意志就是理性自身的表现。但这

---

① [德]康德:《纯粹理性批判》,邓晓芒译,杨祖陶校,人民出版社 2004 年版,第 434 页。

② [德]伊曼努尔·康德:《道德形而上学原理》,苗力田译,上海人民出版社 2005 年版,第 70 页。

③ 同上书,第 74 页。

里更为关注的是，作为先验层面的原因性的自由必须开启经验领域的事件的一个序列，必须按照这个自由意志并将其作为一个原因开启一个序列，并且是理性行动者必然要实施的行为。

总之，理性在实践中必须与因果性范畴发生联系并摆脱其束缚。这成为康德理论理性到实践理性的重要环节。康德在《实践理性批判》中给出了相当明确的说明："我立刻就明白：因为没有范畴我不能思维任何东西，所以我必须首先在我现在所研究的理性的自由理念里找出这个范畴，它在这里就是因果性范畴；我还明白，尽管对于作为逾界概念的自由这个理性概念没有什么相应的直观能够置为它的基础，理性概念对于（因果性的）知性概念的综合要求无条件者，但感性直观仍然必须首先被给予这个知性概念，通过感性直观知性概念才确保有客观实在性。"① 所以说，当理性在实践领域时，作为有理性的人首先是经验世界的人，这样就必须按照感性材料到知性概念的提升，再到理性地做出应当的行动法则加以遵循。这样，因果性范畴就成为关涉先验自由的重要内容，自由作为一种理念在实践理性中的运用就必须从因果性范畴开始，它使先验自由和实践自由得以发现，以致使自由能力得以产生。

第二节　阿多诺对康德"自由观念"的诠释

在阿多诺看来，康德的自由观念可分为"先验自由"和"实践自由"，"实践自由"可分成"消极的自由"和"积极的自由"来理解。但必须强调的是，"先验自由"是康德整个"自由观念"的第一问题，它决定着其他自由概念，也统领着康德道德哲学的基本思想，并用矛盾意识②阐明自由问题在康德哲学中的重要地位。"如果我们转向康德的

---

① ［德］康德：《实践理性批判》，韩水法译，商务印书馆 1999 年版，第 113 页。

② "我在这里可以稍微表明一下我的观点，如果人们在一个像康德体系这样庞大复杂的思想结构中说出这样一些断裂，并且把它们表现出来，然后又试图把必然性的理解与断裂的意义弥合起来，这个做法就如同人们企图在一个尽可能统一的表面关联的兴趣上以某种或多或少的优美形式澄清这种断裂和对抗一样；我相信，我在这里是完全站在康德立场上的，因为康德的道德哲学的论证恰恰是以必然的、无法回避的矛盾意识——即所谓的二律背反——为出发根据的。"（［德］T. W. 阿多诺：《道德哲学的问题》，谢地坤、王彤译，谢地坤校，人民出版社 2007 年版，第 31 页）

道德哲学，首先就会遇到让人相当惊讶的事情，那就是康德的道德哲学开始于理论哲学，也就是他的《纯粹理性批判》。这种情况与康德的思路有关……从某些被认为牢不可破、不容更改的基础认识中，从康德称之为先验哲学的基本观点中，多多少少可以推演出其他理应在哲学名称下活动的东西。因此，在一定意义上讲，道德哲学在康德那里是以认识论为基础的。"① 这奠定了阿多诺诠释康德"自由观念"的基本前提。既然先验自由是康德自由观念的核心，那么，阐释就必须从康德认识论开始，即"二律背反"的第三个背反。因此，首先诠释"先验自由"才能够更好地理解其他自由概念，乃至道德哲学的基本问题。其次，阿多诺以先验自由的诠释为基础，进一步诠释"实践自由"，即"消极的自由"与"积极的自由"。但是，他的诠释不是"翻译"文本内容，而是由问题意识进入，并植入对相关理论问题的见解。

一　对"先验自由"的诠释

康德集中论述了"先验自由"，即二律背反引出的自然的因果性和自由作为原因性存在的问题。阿多诺的诠释自然从"先验自由"开始，那必然会涉及"二律背反"中的第三个背反。在他看来，先验自由与自然因果性的关系是一种矛盾意识，只有二者同时存在才能够表现出另一方的意义。"二律背反学说的本质在于，这种矛盾是在我已经说过的那种理性批判的澄明意图与形而上学的拯救意图之间得到表达的。康德并没有说出这些意图，但它们却深深地浸透在他的哲学里面，按照康德的观点，这两种意图在理性中是同等重要的，因为它们在理性中使自己发生同等效用，因此，这两种意图之间凝结了不可消除的矛盾。"② 阿多诺的诠释可以分为以下几点内容：

首先，阿多诺的诠释在于，康德关于理性二律背反使用了"反面证明法"，以凸显先验自由的来源及意义。在阿多诺看来，一是康德在二律背反中使用"反面证明法"，即康德称"怀疑的方法"。这种方法

---

① ［德］T. W. 阿多诺：《道德哲学的问题》，谢地坤、王彤译，谢地坤校，人民出版社2007 年版，第 28、29 页。

② 同上书，第 32、33 页。

使正题与反题互相指出对方的误会，它不是怀疑主义的方法，而是要找到理性的确定性方向。"这种方法采用这个过程：无论是正题还是反题，它们既互相矛盾，同时却又是自明的或者非自明的，它们通过反题所导致的荒谬而得到证明。换句话说，两者都是否定的，它们都可以对立面为出发点，通过与之相矛盾的（kontradiktorisch）对立命题而得到证明。"① 基于对这一使用方法的把握，自由与因果性之间的关系在康德哲学中的设定有了较为明确的定位。二者之间关系的确定是一种建立在认知主体关于现象界的问题，而不是对物自体本身的界定上的。二是对先验自由与因果性的理解，理性的二律背反是关键所在。康德在使用"transcendent"时，它具有"超越的"（going beyond）含义，即文化的超越、一般意识存在的超越、形而上学的超越，即对经验的超越并寻求绝对的事物。而"transcendental"（先验的）就是第三种超越，尽管康德是从形而上学的意义上来把握超越并付诸"先验"能力的考察的，但康德的"先验"与经验内容是不相分离的，只能在经验与先验相关的领域产生绝对的事物，这限定了"先验"自身在形而上学上超越所有经验的实质。"因而康德描述的'先验'是我们心灵的超越本质，在意识中，它提供的是经验可能的条件并超越经验，但从另一方面来看，这是《纯粹理性批判》的重要难题，这些条件仅在连接事实经验时才具有有效性。"② 因此，康德对二律背反没有采用怀疑的方法而是采用各自证明自身的方法来对立二者，以此显现理性的先验本质，使理性回到主体本质上来。三是为证明"先验自由"而必须引入因果性范畴。"康德二律背反学说是从处于二律背反的一个方面的自由引进因果性概念的，而这个概念在根本上是与批判主义相矛盾的，是与理性批判的一般原则相矛盾的，由此看来，因果性就是这样一个范畴，它并不是与物自体相适宜的、与智力范围相适宜的一个物；事实上，这个来自于自由的因果性就是这样一个概念，它处在现象领域的彼岸，对现象性发生效

---

① ［德］T. W. 阿多诺：《道德哲学的问题》，谢地坤、王彤译，谢地坤校，人民出版社2007年版，第37页。

② Theodor W. Adorno, *Kant's Critique of Pure Reason*, Edited by Rolf Tiedemann, Translated by Rodney Livingstone（Stanford California，Stanford University Press，2001），p. 21.

用，因果性概念就是为现象性而设置的。"① 阿多诺诠释了在二律背反发生之后，就必须引入因果性概念。因为自然的因果性代表的是关于现象界的综合概念，这种综合也就代表着一种整体的决定论，因此，因果性概念代表的是对现象界的决定，而人作为理性能力的存在者，即人具有理性纯粹自发性，自由使人不能受到自然因果性的决定。康德认为，经验论者用经验的总体性去消除人类理性具有自由的能力，阿多诺认同康德在此对经验论者的态度和方式。不过，他并没有指出康德是一个相容的决定论者，即自由与自然因果性相联系。

其次，阿多诺诠释在于，康德设置先验自由与"因果性"② 范畴之间的关系是为了说明先验自由是人固有的先天能力。在阿多诺看来，一是康德在对二律背反做出相关说明时，认识主体对原因序列的递推势必会进入无限之中，这成为康德把"先验自由"作为一种纯粹理性自发性能力提出的契合点。"现在的原因（kausal）必定产生于先前的状态，按照这个命题，如果存在一个 A 形式的状态，那么 B 形式的状态就始终跟在 A 形式状态之后；根据康德的观点，先前的状态从其自身方面来讲，就必定是一个曾经生成的、发生的事物。因为假如先前的状态不是这样，而是从一开始就已经是现成的，那么，现在的现象——从先前的状态对这种现象加以解释——也同样必定是原初的和全然的存在事物；换句话说，假如这样，就根本不需要从这种状态的原因去继续推演，这样的情况显然是不可设想的，因为它会使对现象的观察就在此时此地（hie etnunc）变得失效。"③ 只有对原因在因果序列中进行无限递推，产生认识主体才会对理性自发性或自由能力重新产生一个新的因果

① ［德］T. W. 阿多诺：《道德哲学的问题》，谢地坤、王彤译，谢地坤校，人民出版社2007 年版，第 39 页。

② 对于因果性与因果关系的概念，笔者得益于张志林先生的界定："在英文中，同'因果关系'相对应的主要有两个词：causation 和 causality。尽管二者常可互换使用，但它们之间的关系不是本质主义的'同一'（sameness, identity），而是反本质主义的'家族相似'（fami-ly resemblance）。它们均可用于表示原因（cause）与结果（effect）之间的关系，但 causation 正是强调原因引起结果的这种关系，causality 则突出原因具有引起结果的性质。正因如此，我主张把'causation'译为'因果关系'，而把 causality 译为'因果性'。"（见张志林《因果关系与休谟问题》，湖南教育出版社 1998 年版，第 38 页）

③ ［德］T. W. 阿多诺：《道德哲学的问题》，谢地坤、王彤译，谢地坤校，人民出版社2007 年版，第 42 页。

序列。也就是说，没有因果关系的必然性束缚，先验自由作为一种理性自发性能力就无法得以呈现，进而可推知，道德实践中的人作为实践的主体就无法脱离感性（爱好、欲望和幸福）的必然性束缚。二是阿多诺进一步指出，康德的用意在于用一个其他的替代方式来说明原因的充分性，这就是纯粹理性的自发性的出现，即先验自由。"康德以此说明，如果只存在从属的和被推演的原因，那么，从这些原因自身和它们自己的意义来讲，就必然要追溯一个最初和原始的原因。康德接着对此进行论证，但这个论证或许并不具有充分的说服力，'但是，自然法则恰恰就存在这里：如果没有一个充分的先验规定的原因，就不会发生任何事情。'"① 康德在这里引用无限递推的因果性诉求只能是一个依靠偶然性或没有充分规定的开端原因。可见，阿多诺认识到，康德说明因果关系递推是没有充分必然性的，在没有追溯原因的充分性开端时，先验自由就必须承担开启一个因果性序列的原因性存在。三是阿多诺进一步解释先验自由能力得以发掘的意义重大，"理解合法性动因与自由动因是如何交错在一起和发生的，认识康德在这个方面究竟带来了什么东西，不仅是弄懂康德伦理学的关键，而且还是弄懂全部康德哲学的结构的关键；我对此还想说，它甚至还是这样一个要点，由此出发，人们通常称为伦理问题的东西就可以显露出来。因为自由与必然的切合（In-einander）和蕴藏在其中的矛盾的解决，不只是认识论的问题，它还是任何一门哲学在论证所谓道德时候必定与之发生关系的最实在的问题。"② 这就是说，阿多诺已经统观了康德哲学的切分特征，认识到康德道德哲学关于感性的欲望、爱好以及幸福的设定，都是由于把自由能力作为对理性存在的恪守而发展出来的。引申而言，道德哲学中"消极的自由"就是处理作为理性存在者的自由能力与作为感性存在者的固有本质和动物性的任意之间的关系。

　　最后，阿多诺的诠释在于，康德对自由和自然因果性的设置不仅能推出"先验自由"，还为建立"自由的因果性"做出了说明。一般而

①　［德］T. W. 阿多诺：《道德哲学的问题》，谢地坤、王彤译，谢地坤校，人民出版社2007 年版，第 43 页。

②　同上书，第 39、40 页。

言,康德在《纯粹理性批判》中,要破除经验主义独断论对"自然因果性"的唯一性,但又不能失去经验世界。因为康德是经验的实在论与观念的先验论的兼得者。在阿多诺看来,康德必须处理自然因果性与先验自由的关联,康德的目的更在于凸显认识主体的自主性意识。"康德在这里正是从自然的因果性来论证先验的自由的,因为自然的因果性本身常常是不自洽的——'甚至在自然过程中,诸现象的顺序排列在原因方面也决不是完成的'。……而自由则是一种因果性,一种独一无二的(sui generis)因果性。"① 因为在宇宙论中,只有作为认识主体的人才会重新开启一种因果关系序列,才能说明认识主体的人具有区别于其他的自主性。"自我首先能够在自身那里经历某些东西,而无论一个无所不包的决定论内部是如何行动的;自我通过一个行动重新造成一些特定的和合乎规则、按照顺序排列的系列,尽管这个行动可能在客观上与自然的因果性相关,但它最初却具有一种康德在这里所说的与自然因果性相对立的、自主性的因素。"② 而这种自主性完全出于对原因的绝对自发性,在因果关系序列中,原因的上升递推是对原因的必然存在的一种肯定,而原因的绝对自发性满足了第一动因,这就是"先验自由"作为开启新的原因序列的能力所在。"但是,现在对自身经历最先和最直接的则是这个与因果链相对立的因素,是对第二个决定体行列的设定和实现,对自身经历而言,这个行列在其同一性方面或者在其对普遍因果链的依赖性方面,并不会立即受到普遍经验的规定。……自发性在这里恰如一种原始的能动性,也恰如一种自主的能动性,对这样的能动性来说,其他的条件从肯定方面是根本不可能得到说明的,所以,在《纯粹理性批判》里,自发性通常被称为最初的表象创造的能力,因而也被称为真正的意识创造力和人的精神创造力。"③ 从而阿多诺认为,康德关于人的意识自主性已经说明并赋予了实践以意义。先验自由的自发性不仅仅限制在认识论的范畴,在纯粹理性的实践方面,按照先验自由和自然因果性的设置,实践自由表现为"消极的自由"。"由于这里

---

① [德]T.W.阿多诺:《道德哲学的问题》,谢地坤、王彤译,谢地坤校,人民出版社2007年版,第44页。

② 同上。

③ 同上书,第45页。

涉及主体性的一个基本元素，人们甚至可以说，涉及主体性的基本动因，所以康德有理由获得这种自由，即把精神能动性应用到超出这个概念以外的领域。这就是康德在这里开始的论证，这一论证不仅反对那种无所不包的因果性，而且赞同因果性来自于自由，因而也赞同作为伦理学的基本概念的自由概念。"①

从而阿多诺从"先验自由"在理论理性和实践理性两个部分中着眼，说明了先验自由在康德那里是与人的理性能力相统一的。这一点在阿多诺诠释康德的"先验"概念时就早已说明，"先验"概念是康德理性批判及所有哲学部分中的核心范畴，"可以这么认为，在《纯粹理性批判》的重要章节中，康德坚守先验概念是理性批判的核心概念，先验概念（即统觉的综合统一）是康德维系自身哲学的最高立场"②。

二　对"实践自由"的诠释

阿多诺洞悉一个转变，在认识论中，康德把"先验自由"作为一种纯粹理性的自发性能力，其目的在于使纯粹理性在实践中得以体现。而在实践哲学中，人作为理性与感性的存在者能够摆脱感性的必然性限制，这是先验自由在理性实践中的表现，即"实践自由"。"康德曾经公开假定，在这种普遍因果性的范围之中存在这样一个点，主体就在这个点插入进来，并且由自身出发去设定因果系列由此点发生的基本条件；康德相信，在实践领域，即在实际行动的领域中，无论如何都可以指出一个新的因果系列开始的点，这就是说，在人的有动因的行为中，也存在例外的情况。"③　所以，他分几步论述了从"先验自由"到"实践自由"的过渡，并论述了"实践自由"在康德那里是如何可能的。阿多诺的诠释内容基本上分为以下几点：

首先，阿多诺的诠释在于，理解"实践自由"必须开始于二律背

①　［德］T. W. 阿多诺：《道德哲学的问题》，谢地坤、王彤译，谢地坤校，人民出版社2007 年版，第 45 页。

②　Theodor W. Adorno, *Kant's Critique of Pure Reason*, Edited by Rolf Tiedemann, Translated by Rodney Livingstone (Stanford California, Stanford University Press, 2001), p. 16.

③　［德］T. W. 阿多诺：《道德哲学的问题》，谢地坤、王彤译，谢地坤校，人民出版社2007 年版，第 57 页。

反之中对因果性问题的理解,即从康德对自然因果性与先验自由的关联进行理解。在阿多诺看来,在康德哲学中,理性是同一个理性,自由也是同一个自由,只是在理论上与实践上有差异而已。所以,因果性与先验自由是理解实践自由的来源和根据。"他一方面必须把理智与经验之间的严格区分进行到底,以为如果他把理智或绝对本身与经验本身与经验的条件紧密结合在一起,就必然会失去绝对性和绝对约束性的本质。另一方面,如果这两个范围是绝对地分开的,这就如同康德在一些论述中所给出的印象一样,这两个范围就绝对不应当搀和在一起,那么,谈论某一种伦理,谈论正确与错误的行为举止的区分就是不可能的,这是因为一切与事实行为相关的东西都可以完全与经验条件融合在一起。"① 从康德关于宇宙论的思考来看,作为主体的人具有一种独特的能力,即理性。理性如若体现在实践中,那就是人具备了人之为人的能力或人具有了认识自己的能力,即人性或道德性。阿多诺认识到康德的这个意图,"人之所以为人,是人在任何情况下都有能力开始因果系列,而这样的因果系列包容在宏大的因果性之中的情况并不会立即发生,除此之外自由之行动根本不可能被当作其他东西"②。在纯粹理性阶段,由于理念的范导性作用,人对物自身进行必然的追求。而在纯粹理性的实践中,首要的是意识到自身具备这样的能力以区别于感性存在的"欺骗"和动物性任意的不恰当,从而寻求理性给自己定下的法则规约。可见,阿多诺已经从康德理论哲学到实践哲学中认识到这个"纯粹理性自发性能力"的同源性。

康德的目的在于解决因果性问题并有所进展,将实践理性中的自由能力付诸行动以此解决理性在认识上的形而上学追求。阿多诺认为:"由于实践恰恰是作为我们理性的纯粹应用的终极目的而出现的,由于纯粹理性的终极目的应当是实践和行动,而不应当是理论认识,或者完全如同康德在这一节所说的那样,它不应当是'思辨',所以,纯粹理性的终极目的的学说对有关矛盾和认识矛盾的学说就作出了决定性的贡

① [德] T. W. 阿多诺:《道德哲学的问题》,谢地坤、王彤译,谢地坤校,人民出版社2007年版,第59页。

② 同上书,第59—60页。

献……但又确实超出了二律背反以外的东西就能够得以成立，虽然人们可以说，因果性在二律背反学说的意义上获得胜利，这是因为我们在经验的范围只能思考原因和结果，但我们一超出经验的范围，我们立即就不知道，是去证明还是去反驳因果性，因为我们也因此陷入了不可能解决的二律背反之中。"① 可见，阿多诺对康德关于自由与因果性范畴的设置，在以实践自由为目的的运用中给出了相对合理的诠释。尤其是，这种对康德由自然因果性和先验自由到因果性与实践自由的递进给出了一贯性理解路径。

其次，阿多诺诠释在于，康德在用"实践"这个词时已经预设了它"非实践"的意义，只能够与纯粹理性和意志相联系。在阿多诺看来，实践理性作为先验能力以理性的规范指导人应当怎么实践，而不是从一般意义上或从经验的世界中出发的实践。实践理性是纯粹理性的实践，并为人的实践规定了道德标准。阿多诺从"实践"这个词来理解康德的思想。"实践理性在他那里的含义就等于实践的纯粹理性，也就等于对正确与错误、善与恶作出判断的先验能力，而不是如同我们在谈论实践理性时通常所认为的那样，这是关于一个注重实际的人的理性，或者是一个不注重实际的人的理性。在康德那里，实践与实践的这个词承受着非常重要的任务。"② 由此，阿多诺说明了康德纯粹理性的自发性是先验自由，实践自由体现在经验之中或现实行动之中，我们是具有这种自由的能力的，这是人区别于其他的本质。所以，这符合康德的论述："我们终究被赋予了理性，作为实践能力，亦即作为一种能够给予意志以影响的能力。所以它的真正使命，并不是产生完成其他意图的工具，而是产生在其自身就是善良的意志。"③ 因此，实践自由对康德来说必须这样理解，不这样理解就不能理解他所说的"自由"与"理性"是相等的。

康德用实践理性标准来规定行动的正当性，行动必须按照自我的实

---

① ［德］T. W. 阿多诺：《道德哲学的问题》，谢地坤、王彤译，谢地坤校，人民出版社2007年版，第65—66页。

② 同上书，第78、79页。

③ ［德］伊曼努尔·康德：《道德形而上学原理》，苗力田译，上海人民出版社2005年版，第11、12页。

践理性标准去行动,如果不这样行动,那就不能称之为实践的行动。"行动本身应当纯粹地产生与自我的表象中,行动应当独立于任何一种曾经与之相联系的质料;只有当行动是独立的时候,只有当行动是自我的无牵挂的、独特行动的时候,并且自我本身不再把那些不与行动相关的东西当作思维的、理性的存在物的时候,自我才能把行动表象为一种实践行动。"① 如果不能按照实践的标准去行动,那么就说明实践是不可能的,或者说,实践自由或纯粹理性的实践是不可能的。阿多诺的阐述符合康德关于实践、行动和自由之间关系的具体构建,符合康德哲学实践具有优先性在于实践自由的可能性的思路。"道德法则是始终给予自我的,它是一个事实;自我获得经验就是,自我应当去道德地行动。但是,为了使这个经验不趋向于无稽之谈,在这经验本身之中就包含这层含义:自我为了那些形而上学的实体的存在而设定,自我在根本上不是为了上帝的存在而自由地行动,而是上帝的存在仅仅是为了自我能够自由的行动——这是康德哲学一个大的悖论。这种关系在这里完全被颠倒了,而实践却因此获得绝对的优先性。"②

最后,阿多诺的诠释在于,康德是用一种辩证的方式引出实践自由的,并对实践自由的具体内容给出了说明。一方面,阿多诺解释了康德关于"消极的自由"概念作为实践自由的重要性。他认为,康德在实践理性中建构了一个悖论的东西,即感性的存在必须被理性存在的理念所约束的关系模式。人是一个理性的自律者,必须做到理性自由所规定的实践标准,同时人又是一个感性的存在者,为了达到理性自由的实践要求就必须压制和约束感性欲望、爱好、情感等。阿多诺比较注重这一点:"康德思想的核心在这里就在于,并不是作为纯粹理性存在物的自我所认识到的一切东西,并不是这里所着重强调的自我的东西。也就是说,那种自我使自己依赖于他者的他律的东西,实践上都是对自由原则的阻碍。"③ 这就表明,阿多诺认为,实践自由如同先验自由中有一个自然因果性,才能够给出纯粹理性的自发性即先验自由一样,实践自由

① ［德］T. W. 阿多诺:《道德哲学的问题》,谢地坤、王彤译,谢地坤校,人民出版社2007 年版,第 79 页。

② 同上书,第 74 页。

③ 同上书,第 80 页。

需要感性的东西作为被约束性的规定，从而实践自由才得以引出。因此说，这是感性作为他律的和理性作为自律的辩证关系，"在某种意义上，道德哲学的这两种互相矛盾的因素——自由的理念和人们不得不说的压制的理念，主要是对自然冲动的压制，即对嗜好、同情的压制，——它们也都是仅仅因为自由的缘故而产生的；欲望和兴趣的全部领域也都受到压制，并且受到康德在理论上非常冷酷和严厉的压制，而这里的原因仅仅在于，自我应当使自己不依赖于那些与自我的自由原则、与自我的理性原则不相融洽的东西"①。从这一层面来看，阿多诺的理解着重提出康德在实践自由中"消极的自由"概念。"消极的自由"对于康德来说就是有关纯粹理性在实践中何以可能的首要问题，如果它的可能性是成立的，则实践理性就是存在的。同时，也能够说明人具有道德性的可能："也就是说，如果我们作为行动者的人使自己依赖于质料，如果行动不纯粹地依赖于自我的自己表象，并且是关于普遍法则的表象，那么，这样的行动就根本不再是实践的，不再是自由的。康德通过这样的建构，就把一般的道德范围设定为自由的范围……所以，自由只属于理论理性，而不属于纯粹的实践理性。"② 可见，阿多诺表明了"消极的自由"是纯粹理性在实践上的设定就如同理论理性的设定。如果不能具有这种自由，人是无法脱离感性东西的因果性强迫的。只有实践理性在理论层面具有一种理性的能力，并设定一个可能性的标准去实践，才说明人具有实践自由。

阿多诺用理论理性来阐述这个实践理性的自由问题，这符合康德关于实践自由发源于理论理性的本质。并且，他还用形式和实践材料的辩证统一来表明康德关于"消极的自由"的产生，"像康德所做的对认识的形式与内容进行区分的事情，因为在实际行为中也有形式和内容的区分。这就是说，我自己一般不可能设想这样一种行动，在它变为行动的时候，它不以任何方式涉及经验的存在物，不论这个经验存在物是人还是物。……按照康德的看法，即使在理论范围，认识的形式只有在关系

---

① [德] T. W. 阿多诺：《道德哲学的问题》，谢地坤、王彤译，谢地坤校，人民出版社2007年版，第80页。
② 同上书，第81页。

到内容,关系到经验质料,关系到活生生的感觉时候,它才是有效的"①。这表明阿多诺对实践自由中"消极的自由"的引出和具体内容做出了进一步的阐述。而关于康德道义论中实践自由的"积极的自由",阿多诺则是相对于道德法则的先天给定性进行诠释的。康德在消极的自由层面需要一个规定性目标来达到实践的道德性,因此理性就必须符合道德法则的规定,这个法则本身就是先天的,也就具有了理性本质。实践自由应该遵循理性的规定达到一种"自律","自律"的本意在于按照理性的规定来遵从道德的法则,这就是"积极的自由"或自由意志。阿多诺的诠释不再从"消极的自由"走向"积极的自由"这条路线,而是通过道德法则的先天给定性给出"积极的自由"在康德道义论上的说明。

第三节　评判与反思:阿多诺诠释的独特性

从阿多诺的诠释来看,他对"自由观念"的诠释不是对原著逐字逐句的解读,而是梳理出康德关于先验自由到实践自由和自由意志与外在原因性设置的辩证关系以及理性与自由的等同性,表明了阿多诺诠释内容和方式的独特性。可见,他是基于康德道义论整体思想进行的诠释与反思。进一步可言,挖掘阿多诺诠释的独特性,则更能够认识到阿多诺诠释康德道义论的特点,从而说明其道德哲学关注的重点。阿多诺诠释的独特性主要体现在理性的二重性、自由因果性与自然因果性、关于自由观念的反思以及阿多诺诠释的不足几个方面。虽然诠释的不足难以达到理解理论原点的要求,但是诠释者不把有关内容作为自身的诠释重点,也能够代表诠释者的一种认识路向和思想价值,所以同样可以说是阿多诺诠释道德道义论的一个特征。因此,通过弄清阿多诺诠释的独特性,可以使我们更好地发现阿多诺道德哲学中自由思想的特质。

一　注重"自由观念"的二重性建构
阿多诺对康德自由观念的诠释,重视其二重性建构。这种二重性表

---

① [德]T. W. 阿多诺:《道德哲学的问题》,谢地坤、王彤译,谢地坤校,人民出版社2007年版,第77、78页。

征为：在理论理性中人的先验自由与因果关系的关联；在实践理性中人的实践自由与人的感性因素的关联。这种建构特征的原因基于康德哲学结合唯理论与经验论来反思哲学形而上学取向并为知识的确定性寻求形而上学的奠基。物自体不可认识，而人在理念下认识物自体；感性的因素一直存在于人本身之中，而理性是人之为人的本性。康德显然注重这种矛盾的存在，他的观点是哪里有矛盾，哪里就有谬误，只有消除了这个谬误，才能说明理性的前途。

阿多诺指出了这种二重性的本质，无论从先验自由还是实践自由方面讲，康德明显建构了一个外在性的束缚与内在性的自发能力的二重性哲学框架。"康德哲学本身就具有二重性的本质。康德学说一方面具有批判的因素，也就是要消除业已被人们简单接受的独断论的表象，康德是通过援引主体性的建构来克服独断论的。但是，他与此同时还设定了一个界限：有些知识倾向于把简单的认识当作对物自体的认识，而认识实际上只是在主体自身中产生的，并不能被直接归纳到存在那里。康德以这个界限对认识进行了规定。另一个方面，与康德这个意图相对立的还有另一个意图，而且它们还是强烈对立的，另一个意图是：康德现在不仅试图通过完完全全的主体分析去拯救认识的客观性，而且还试图在理智的范围中——对康德来说，更愿意把这个范围称作道德的或自由的范围——去拯救那些在他之前曾经被称作本体论，而且现在人们还乐意把它们继续称作本体论的东西。这种二重性的本质确实说明了康德在面对自由问题时所采取的异乎寻常的态度。"① 阿多诺的阐释表明，康德把因果性放置在理论理性中，因果性的统治效力在不涉及物自体的前提下，因果性在主体的认识中具有一种相对客观性和必然性，同时它具有一种强制的功能。而先验自由作为主体的一种能力，在认识过程中同样要发挥"原始的"原因的作用，并能够开始一个因果性的序列。先验自由在实践中或实践自由则关乎理性所涉及的经验事实层面。经验事实会使人的感性变得不可确定，这个不确定性的缘由是欲望、爱好、情绪等。作为具有理性的存在者在面对感性的束缚时，当然不能屈服于感

---

① ［德］T. W. 阿多诺：《道德哲学的问题》，谢地坤、王彤译，谢地坤校，人民出版社2007年版，第62、63页。

性，理性就实现了自己的任务，这就是"实践自由"中"消极的自由"的引出。"这就是说，一方面，理性在自身中要求有一个普遍的合规律性，因为理性只有作为一般的合规律性才能与那种盲目的和无定形的东西相对抗；另一方面，理性要求自由，因为在面对那种无定形东西的时候，自由是唯一可能的立场。这种双重的困难——既不能给出人的活动范围处在绝对的合规律性中，也不能给出人的活动处在绝对的自由中——恰恰就是康德被迫悖论地从自由中建构因果性的最深层的原因。"① 这符合康德道义论的建构方法，也是阿多诺诠释康德道义论必须明晰的一个重要开始，阿多诺的诠释较准确地理解了康德的方法。

阿多诺对康德自由观的诠释，尽管在具体内容上与其他诠释者相似，但其对康德建构理性的方法的诠释则具有独特性。引入一些经典的诠释，既能够显现出阿多诺诠释的独特性，同时也能说明对自由观念诠释的合理性。罗尔斯在总结康德的"自由观念"时，基本上分为三个"自由"概念，即在自由观念下的活动、实践自由和先验自由，说明了康德实践自由分为积极的自由观念和消极的自由观念。只是罗尔斯用实践自由代替了消极的自由，将积极的自由观念理解为在自由观念下的活动观念。这符合康德在《道德形而上学原理》中的两种自由观念。而这里的实践自由观念与先验自由观念之间的关系，罗尔斯认为，二者之间有着同一个理性的相通性和建构的相同性特征。"基本的观念是在自由观念下的活动观念。康德认为，它涵盖了作为合理而理性的人，当我们进行慎思活动时，我们用来对待我们自己以及我们理性能力的 一整套基本态度。实践自由和先验自由融合为那个基本的观念，在这一点上，它们更是支持它的观念。例如，对实践自由的信仰使我们相信，我们的慎思不是盲目的，它明确了什么是我们应该去做的东西。我们对先验自由的信念——康德把它说成是一个先验的思想——支持着当我们认为我们的理性具有绝对自发性的时候我们用来对待自己的某种态度。在自由观念下行动也就是另两个自由观念找到特定的背景。"② 贝克则认

① ［德］T. W. 阿多诺：《道德哲学的问题》，谢地坤、王彤译，谢地坤校，人民出版社2007年版，第60、61页。

② ［美］约翰·罗尔斯：《道德哲学史讲义》，张国清译，三联书店2003年版，第388、389页。

为，先验自由与实践自由都是康德在本体方面的阐释，二者都是纯粹理性的自发性体现。"如果借助'自由'我们意指的是本体的原因性，并且主张我们不知道本体，那么在对现象的研究中，就没有一种正当的方式能够决定在运用于其中特定的某些东西的过程中允许使用自由概念。原则上讲，人类行动的统一性如同太阳系的统一性那般伟大；没有理由认为前者关于自由的论述具有任何经验性后果。如果对本体性自由的占有相对于自然的统一性而言产生了某些不同的结构，那么，就不存在统一性；而如果它做不到这一点，那么称其为'自由'就只是空虚的自负。"① 贝克的观点表明了康德先验自由与实践自由之间的关系，或者说是同一个理性能力的体现，他的诠释注重对先验自由的批判。阿里森客观地说明了贝克对康德自由观念的总体性概括。"他的基本不满即在于，康德在第一批判中试图建立这种自由的（逻辑）可能性，在第二批判中又力图建立其实在性，而这种努力之结果既显太多，又嫌太少。它之所以太多，是因为按照康德的理论，不只是人的行为，而且包括一切现象，都有其智性的或先验的根据。因此，如果诉诸本体的根据即可允许任何一处有自由的归属，那么，自由就真的会处处存在。"② 阿里森认同同一个理性能力下两个自由的一致性："康德在对正题的注释中提出了这个问题，他探讨了先验自由的自由理念和日常的自由行为能力概念之间的联系，其要点在于，后一个概念，换言之即心理学的概念——后来被称为'实践的自由'，是一个混杂的概念。尽管主要是经验性的成分居多，但它也包含这一先验的理念作为一个本质成分，在此，该理念的特性被说成是'作为其可归因之根据的行为的绝对自发性'这一思想。"③ 由此可见，自由观念作为康德哲学最为重要的方面，在于把人的理性能力展现出来，自由与理性在康德那里是具有相等内涵的。只不过，理性在理论理性阶段说明人具有知识的确定性能力并且具有追寻"物自体"的可能性，而在实践理性中则说明人只有具有理性，

---

① ［美］刘易斯·贝克：《〈实践理性批判〉通释》，黄涛译，华东师范大学出版社2011年版，第236页。

② 亨利·E. 阿里森：《康德的自由理论》，陈虎平译，辽宁教育出版社2001年版，第98页。

③ 同上书，第24—25页。

才具有了自由，同时也说明了人的理性就是道德性的体现。康德曾言："就我们单纯是有理性的东西而言，道德对于我们既然作为规律，那么，他对一切有理性的东西当然也是有效的。并且，道德既然是从自由所固有的性质引申出来，那么，就证明自由是一切有理性的东西的意志所固有的性质，自由不能由某种所谓对人类本性的经验来充分证明。这样的证明完全不可能，却能先天地被证明。所以，人们必须证明它一般地属于具有意志的有理性的东西的行动，我这样说：每个只能按照自由观念行动的东西，在实践方面就是真正自由的。"①

由此看来，阿多诺的诠释重视理性二分的建构，并较为客观地诠释了康德的理路，并且他的诠释也具有一定的批判性。"意识、合理的见解和自由行动不是一回事，我们不能断然把自由行动和意志相等同。然而，在康德的思维中二者却等同起来，对他来讲，意志是自由的行为的统一特点。……他认为，正是通过意志，理性才创造了它的不被任何一种物质所限制的现实性。"② 综上可知，阿多诺的诠释先是理解问题，其重点在于对问题的发现，以至于进行有效的批判。这就说明，他的诠释与其他诠释存在着一致性，其自身又通过对问题的评判彰显了诠释的独特性。

二　注重"自由的因果性"和"自然的因果性"

阿多诺的诠释在于，康德怎么利用"充足理由律"作为自然因果律在普遍性中是自相矛盾的，来说明原因序列的整体作为充足理由律的自然普遍性呢？这一疑问使我们必须回到康德思想中去。在康德那里，对因果性的处理是以不满足于莱布尼茨的"充足理由律"的规定为出发点的。"充足理由律就是讲这样的事情要把所有的偶然性都加以必然的解释。任何一个偶然的事物的存在和发生都有它充分的理由。少了一个理由，这个事情就不会发生。那么反过来，既然这个事情已经发生了，我们就可以推出来，所有的理由它都具备，它都完备。它的所有理

---

① ［德］伊曼努尔·康德:《道德形而上学原理》，苗力田译，上海人民出版社 2005 年版，第 71 页。

② ［德］阿多尔诺:《否定的辩证法》，张峰译，重庆出版社 1993 年版，第 223 页。

由都是完备的，才造成了这个'事实的真理'——莱布尼茨称之为'事实的真理'，——我们就可以推出来，它的所有的充足理由都具备了。这成为了一条自然律。"①

阿多诺这里的疑问就在于其中所存在的问题，康德显然认为，自由完全开启了一个因果序列，并且先验自由就是原因性的第一开始因。所以康德认为，必须存在一种作为原始存在的原因的自发性存在，它开始一个因果关系的序列，或者称之为"自由的因果性"。这成为阿多诺诠释康德的重要特征："我现在只是想解释：在先验知性中的自由所包含的意义等同于康德在这里所批评的这个设定的意义，即自由通常如同因果性一样，是一个范畴，这就是说，自由——独立于规律所规定的行为和事情的过程——其本身也会成为基本规定。对一般现象世界的认识也会依据这个基本规定而组织起来。为了在这里把这点与'先验的'这个语词结合起来，这个思路显然就是：范畴就是我的精神的基本概念（Grundbegriffe）、主干概念（Stammbegriff），我通过这些概念使诸如有序的一般经验那样的东西得以成立，因此，从总体上讲，范畴不外乎就是这些条件，我通过它们并且依据法则将世界组织起来，我因此经历一个相互关联、合乎法则的世界。假如自由——这是主要证明根据（nervus probandi）——从其方面变为一个范畴，一个先验的东西，也就是成为我认识一般对象的一个基本条件，那么，由此就会产生这样的情况，合法性的对立面变为一个范畴，而且它还应当论证这个合法性，而自由从其方面也理应成为合法性的总概念——则很钟情是不自洽的。这就是基本思想。"② 所以，从文本解释的角度可见，阿多诺在自由与因果决定论之间的解释已经构成了对文本问题关乎康德哲学的重要性内容。自我的同一性本身就是一种决定论的原则，如果没有先验自由的能力出现，这种因果决定论的事实是难以消除的。"假如感性世界中的一切原因性都是自然，那每个事件都将是在时间中按照必然规律而为另一个实践所规定，因而，由于诸现象就其规定着任意而言必然会使任何行

① 邓晓芒：《〈纯粹理性批判〉句读》，人民出版社 2011 年版，第 951 页。
② ［德］T. W. 阿多诺：《道德哲学的问题》，谢地坤、王彤译，谢地坤校，人民出版社 2007 年版，第 46 页。

动作为其自然后果而成为必然的，所以在取消先验自由的同时就会把一切实践的自由也根除了。因为实践自由的前提在于，虽然某物并没有发生，但它本来应当发生，因而它的原因在现象中并没有如此确定，以至于在我们的任意中不包含某种原因性，甚至违抗自然的强制力和影响而产生某种在时间序列中按照经验性规律被规定的东西，因而完全自行开始一个实践序列。"①显然，阿多诺的观点是结合康德自由观念的路径对因果决定论在认识论和现实社会实践中的一种态度，"把自由归之于作为一种客观的本体的东西（即使这东西对人是完全隐蔽的）是和康德的先验原则相冲突的——这种原则据说是在客观的意识中发现的——而且，如果在任何有生命的个人身上都缺乏自由的话，那么作为假定的意识，自由也是根本站不住脚的。因此，康德固执的努力或许是证明道德意识是一种到处存在的东西，甚至存在于彻底邪恶的东西中。"② 可以看出，阿多诺是持一种不相容论观点的。

　　自由与因果性范畴是否相容的问题③是康德道德哲学的重要问题。当然对康德哲学的诠释也存在着很多争议，主要是康德是一个相容论者还是不相容论者。阿多诺的诠释是从哲学作为基础理论视角展开的，进而从现实社会或社会理性化的角度加以说明。引入其他诠释者的研究更能够凸显该问题的重要性，也说明阿多诺诠释的独特性。英美哲学家一般从哲学认识论和道德哲学与康德哲学的联系来展开，强调康德哲学内部问题的处理并贯穿于整个哲学发展的关联性。在经典的康德诠释者中，阿里森认为，康德是一个不相容论者，不可能认同自由与因果决定论相容的看法，因为康德已经注意到莱布尼茨和休谟对该问题的处理（因为充足理由律对于莱布尼茨来说就是真实的真理，都可以纳入其中，包括认知主体的自由，这样对康德来说，主体的自由也是一种不自由、不自主的主观行为，那么康德所谓的回到主体的"哥白尼革命"就不再可

---

　　① ［德］康德：《纯粹理性批判》，邓晓芒译，杨祖陶校，人民出版社 2003 年版，第434 页。

　　② ［德］阿多尔诺：《否定的辩证法》，张峰译，重庆出版社 1993 年版，第 213 页。

　　③ 一般西方学者或国内研究西方哲学者，更为准确的说是研究认识论的学者，都会与此问题相遇。普遍的用法是自由意志与决定论的关系问题。所以本书结合阿多诺的说法，将其叫做自由与因果关系的问题（见徐向东《理解自由意志》，北京大学出版社 2008 年版，第 52 页）。

能）。如果理性行为能力的先验自由与因果决定论相容，那么，康德是一个"相容论与非相容论者的相容性"的奠基人。"但是，必须强调指出的是，由于康德坚持认为，主动性要求只有通过非相容论的自由概念（以先验的理念为范型）才能得到满足，因此，对此问题所作的通常的相容论的解决，对他来说并不可行。……因此，用艾伦·伍德的话说，该计划可适当地被描述为展示'相容论与非相容论的相容性'的尝试。"① 阿里森的描述尽管用一个新的名词来概括康德自由与因果决定论的关系，然而他认识到了康德的策略在于展示一种新的自由因果性，并且从人的经验性的品格和智性的品格来详细说明。他认为，康德对现象与本体做出了区分并把本体定义上的能力付诸实践。康德的确有过阐明："莱布尼茨在他仅仅按照知性单独思考世界那样把某种协同性赋予了这个世界的诸实体时，他就需要一个上帝来做调解；因为单从这些实体的存有中，这种协同性对他来说按理会显得不可理解。但如果我们在空间中，因而从外部直观中来设想这种协同性的话，我们是完全可以使自己领会到这种（作为现象的诸实体的）协同性的可能性的。因为空间已经先天地把那些外部形式关系作为（在作用和反作用中，因而在协同性中的）实在关系的可能性条件包含在自身中了。"② 罗尔斯对该问题的诠释在于从莱布尼茨前定和谐论内容来看康德对自由与因果决定论的观点。他认为，康德是一个相容论者并为其辩护："康德断定，在如下意义上，莱布尼茨的自由精神具有自发性：他们的心理状态取决于把他们作为自由精神来构造的实际力量，所以并非取决于外在的影响力。不过，他们缺乏康德坚信的并称之为绝对自发性的东西。"③ "在这里康德坚信，自由兼容于决定论的根据，自由甚至必须是决定论的根据，他所指的那些根据是'内在而自足的根据'。自由不是随机性，自由也不缺乏决定论。问题在于避免前定论，我们似乎只有通过绝对的自发性才能做到这一点。"④ 罗

---

① 亨利·E. 阿里森：《康德的自由理论》，陈虎平译，辽宁教育出版社 2001 年版，第28—29 页。

② ［德］康德：《纯粹理性批判》，邓晓芒译，杨祖陶校，人民出版社 2004 年版，第215 页。

③ ［美］约翰·罗尔斯：《道德哲学史讲义》，张国清译，三联出版社 2003 年版，第377 页。

④ ［美］约翰·罗尔斯：《道德哲学史讲义》，张国清译，三联出版社 2003 年版，第 378 页。

尔斯的兼容其实是一种自由的因果性的描述,在因果性作为一个前提的条件下,自由作为一种能力自发性才得以提出,而不是以先验自由与因果决定论相容与不相容来提出的。

因此,阿多诺对康德先验自由与因果决定论的说明是一种不相容者的观点,与经典的诠释者的诠释有所区别,不过,阿多诺与他们之间的诠释虽然对问题有不同的理解,但在诠释的视角中存在着交集①,已经奠定了一定的相通性,同时也说明这个问题在康德哲学乃至整个近代哲学中的重要位置,证明了阿多诺诠释的独到见解。

三　阿多诺对"自由观念"的反思

阿多诺认为,诠释"自由观念"是由于其在康德道德哲学中的重要性。但是,对康德"自由观念"所存在的问题也进行了反思,这主要在于康德的"自由观念"存在理论内部的紧张关系,他的反思表现在康德矛盾观的缺失、理论与实践的二分法和新的因果性问题上。

其一,阿多诺否定了康德"二律背反"在于消除正反题矛盾的观点。在阿多诺看来,康德没有把矛盾作为一种必然性来看待,辩证法在康德的思考中不是一个积极的方法。尽管先验自由在认识论中是一个重要理念和能力,但是在实践理性中,自由面临着实际问题并且这个矛盾是具有必然性的(感性欲望爱好与理性不可消失的矛盾)。"正如康德本人曾经尝试解决二律背反那样——我已经向你们指出他的这个基本思想,——企图解决二律背反是根本不可能的。这里的原因主要来自这两个观点:矛盾确实发挥了清除障碍的作用;辩证法,即关于必然矛盾的学说或关于一般原理的矛盾的学说,在康德那里是一个贬义词,是一个骂人的字眼。对康德来说,辩证法始终并且必须是虚假的东西,康德在其他地方还使辩证法成为'假象的逻辑',并且自告奋勇地要清楚这样的二律背反。当然,全部的观察在实际上只有通过人们自身陷入矛盾的

---

①　有关自由意志与决定论的讨论,由于是西方哲学中的重要问题之一,笔者现在不能很好地把握这个大问题。只是从阿多诺诠释康德哲学的有效性角度来谈论的,对西方的康德诠释者进行了必要的比较。

必然性时才能获得其深度。"① 可见，只有把矛盾理解为一种必然性，才能理解道德哲学中的自由问题，即把矛盾理解为实际问题，而不是轻易地在理论上消除矛盾。阿多诺的理论依据在于，康德是遵循着亚里士多德的模式，并且区分了主体的经验存在和纯粹存在，是一种对认知主体二分的做法。"康德辩证法遵循亚里士多德模式表现为诡辩学者的辩证法，但它让每一个正题以及每一个反题都是无矛盾地在自身之中发展起来的。它决不能轻松打发掉对理性，毋宁说将证明对理性的不可避免性。只是在更高的反思阶段，作为对待事物（它无视于这些事物的自在存在，因此它没有权利对这些事物做出肯定的判断）的逻辑理性的假说，对立性才可以说是'可解决的'。"② 所以，阿多诺认为，康德对主体二分有一种绝对态度，二者之间不存在必然的联系，显然康德在这里乐观地承认这种所谓的恰当区分，而没有意识到矛盾在人类理性中的必然性，当理性超出康德所谓的逻辑时，就是一种"谬误"。作为主体的人，在现实生活中可能是自由的也可能是不自由的，因此，康德忽视了纯粹的主体和经验的主体之间的差别。

其二，阿多诺认为，康德用理论与实践的二分法来说明实践自由的可能性，但一旦在实际的经验世界里展开和在人的行动中体现出来则表现为一种潜在的不确定性。人是感性与理性的合一者，在意识中确定的理论在行动中体现出来是不能达到完全一致的。在阿多诺看来，"真实的实践，即那些满足自由行动总体的，的确需要充分的理论意识。决定论在通向行动的过程中勾销了理性，把行动转交给统治的自动作用：它自以为具有的那种并未反映出来的自由开始服务于总的不自由。……但实践还需要某种别的东西，即意识不能穷尽的肉体的东西、传达于理性而在性质上又不同于理性的东西。这两种因素决不是分别被体验到的。"③ 尽管康德道义论在实践自由方面树立了以合理性为标准的道德要求，只要在这个合乎理性的框架下那就是道德的，而从感性出发而言的一切在归于幸福时，在于是否与理性相一致。但是，实践的世界是复

---

① ［德］T. W. 阿多诺：《道德哲学的问题》，谢地坤、王彤译，谢地坤校，人民出版社2007年版，第34—35页。
② ［德］阿多尔诺：《否定的辩证法》，张峰译，重庆出版社1993年版，第236页。
③ 同上书，第225页。

杂的，纯粹主体难以把握实践中的丰富经验，康德虽树立一个理性的标准，但是经验的复杂性是不可避免的，那么，实践和理论的两分只会造成理论上的有意义，而实践上的无意义。

其三，阿多诺认为，康德尽管对先验自由造成一种新的因果性，但是用因果性推出先验自由就已经违反了因果性的使用范围。因果性具有一般大全性，先验自由不能脱离这个大全性。"如果有人假定了一个最终的和绝对的原因，那这样的人就违反了在因果性概念自身中所蕴涵的无所不包的大全要求。也就是说，有人任意中断了正在追寻的原因序列，他因此违反了因果性本身的原则——人们必须对一切已经现成的东西指出一个进一步的原因，因为只是由于一般的因果关系的大全性，这些现成的东西才会陷入一种合乎规则的经验关联之中。如果情况不是这样，而是某些东西不属于这种无所不包的、合乎规则的关联，那么，就可以说，这是对合法性——康德在一定程度上把它称之为神圣的、(或者更确切地讲)人类的世界秩序——的一种破坏，并且是在根本上推翻了一种有序的经验的表象。"① 阿多诺这一诠释的依据在于，康德是把外部经验统统纳入作为认识主体的人自身来看待的，如果不纳入认识主体自身，康德的认识论显然无法达到一种"认识论转向"的意义，也不会使认识主体有可靠地认识外在世界的确定性知识。进一步而言，阿多诺说明康德在这个方面是由因果性推演先验自由的论证的，"反过来讲，如果人们不假定这样一个最终的原因，那么，就不存在完整的因果性，而只能存在如同康德所表述的——你们或许还记得那个章节——'从属的'、'被推演的'因果性；于是，人们就违反了没有充足理由就不会发生任何事情的原则，由于人们不再追问这个最终的原因，那人们在一定意义上就是停滞不前的。这两方面的缺陷都应当在于，因果性原则本身的意义没有得到满足。在前一个方面，大全的要求就存在于这个原则自身之中：人们不可能找到一个最终和绝对的要求，反之，人们就会中断这个大全性；在另外一个方面，如果人们没有假定这样一个原因，那就根本不存在一个确实充分的原因，而是始终只有一个单纯推演

---

① ［德］T. W. 阿多诺:《道德哲学的问题》，谢地坤、王彤译，谢地坤校，人民出版社2007年版，第49—50页。

出来的论证，因此，因果性的概念在自身中永远没有得到满足。"①

通过阿多诺的说明，康德在处理因果性过程中违背了因果性的大全性，只是把先验自由作为一种新因果性发展出来，其中的矛盾只是在自己的认识论中得以处理。所以，阿多诺对此表示一种否定的态度，他在把自由作为一个"假问题"中更是对此提出了批评。"他以二分法来调节事实性（'自然'）和必然性思想（'智性世界'）之间的冲突。然而，当我们不能说明自由或意志是存在物时，这并不意味着——类似于简单的、前辩证的认识论——个别冲动或经验不能综合在那些和任何自然主义基础都不相符的概念之下，这些概念可以把这些冲动或经验还原于一种公分母，就像是康德把'客体'还原于其现象一样。……自由是表达这些冲动的可能性的词语。"② 从哲学史的角度来看，这说明康德只是做出一种调节，而没有顾及因果性本质的大全性。阿多诺的观点是，康德的先验自由必须建立在对因果性的强制和作用之下，因果性和先验自由在康德认识论中是一个辩证的关系。阿多诺意识到，康德利用了正反题的对立，但是二者之间对因果性的概念都没有做出充分的理解，先验自由显然没有脱离因果性而独自建构一个外在世界的能力，只是一种新的自由的因果性而已。

最后，阿多诺认为，康德显然是从剔除经验中寻求先验自由的可能性的，但是脱离这种外在世界给予"我"的经验世界，自我的自主性也就是我重新开启一个自由的因果关系序列的成立。康德通常把从"椅子"上站起来作为实例来说明新的因果关系序列，这在认识主体的意识中是能够成立的，但是当行动做出时又不能成立了，因为当我们意识到"椅子"的时候就已经不得不进入因果性的外在世界中了。阿多诺也经常引用"书本落下"来说明康德这个实例和这种先验自由。他说："康德坚持他的图式，企图用从椅子上站起来说明自由——这种决定在贝克特的剧中是更合适的。可以说，为了在经验上有说服力地决定意志是不是自由的，必须严格地清理掉境况的经验内容，我们在那些为

---

① ［德］T. W. 阿多诺：《道德哲学的问题》，谢地坤、王彤译，谢地坤校，人民出版社2007年版，第49—50页。

② ［德］阿多尔诺：《否定的辩证法》，张峰译，重庆出版社1993年版，第207页。

思想实验所创造的条件下能知觉道德决定因素必须尽可能地少。"① 因为在康德那里，"我"是直言命令而得出的，即主词是"自我"，宾词是"灵魂"，"自我"是就永恒性而言的，灵魂不朽。因此，"自我"的性质是先验的，先验的"自我"本身就在于其先天性，所以是一种认识论自由的表现。当然，阿多诺在这里并没有完全否定康德的方法，他进一步指出，康德在这个地方是基于传统哲学的认识论，也是一种问题的推进，使认识主体能够得以确立并能够发挥重要功能。"在传统哲学中，意识借以使自身外化的那种实际附加物又只被解释成意识。它被假定为起干预作用，而这种干预又是纯粹精神多少可预知的。被解释的是要证明的：主体的反思即使不能破坏自然的因果性，至少也只有它能改变其方向，补充上另外的运动次序。对自由要素的自我经验依赖于意识。只是就主体感到自己的行动是与自己相统一的且只是自觉地这样做而言的，主体才知道自己是自由的。只是在这种行动中，主体性才能艰难地、短暂地抬起它的头。"② 阿多诺肯定了康德先验自由是对因果性与自由问题的发展。不过，他认为，主体与客体的关系不能仅是主体决定性和客体被动性，从构建主体与客体的关系来看，他的否定辩证法就是要处理二者中介的可能性，即主体的首要性与客体的优先性。

四　阿多诺诠释的不足

尽管阿多诺对康德道义论中自由观念的诠释说明了康德哲学理性的统一性，并且论述了康德所使用的理性行为能力或先验自由，进而直到实践的自由在方法上都利用因果性范畴作为前提，从而无论是在认识论方面还是在实践哲学方面都能够呈现人作为理性行为者是自由的。但是，阿多诺对康德自由观的诠释也存在着一定的不足，主要体现在对康德论证的过程和细节处理没有加以足够的重视上。阿多诺没有对具体细节展开诠释，而只是对康德的构建方法进行诠释，即对重要问题的诠释关注的是其理论与实践的意义。

一方面，阿多诺诠释集中在康德关于理性统一性方面，以说明康德

---

① ［德］阿多尔诺:《否定的辩证法》，张峰译，重庆出版社1993年版，第219页。
② 同上书，第223页。

两个自由的本质和引出是相同的，这只是对康德自由观念一个方面的说明，给出的只是整体理解的路向而没有给出一个较为详尽的诠释过程。诸如情感、爱好、欲望是如何与"消极的自由"这种能力界定清楚的。尽管阿多诺对先验自由和实践自由的区分是从本体性与现实性而言的，对于在文本中的具体内容及其关系没有做出明确的阐述。① 关于这个问题，阿里森的诠释更为合理，在界定了在二律背反中的康德自由观念之后，先验自由是一种本体层面的自由，并且能够应用于实践中，那么实践的自由就是可能的。阿里森不再仅仅说明先验自由与实践自由的关联问题而是注重作为主体的人所具有的特征，他认为，人具有经验性的品格和智性的品格。所谓"经验性的品格"是指生活于现实世界中的人是感性的存在，受到时空的限制，注重各种条件的限制，因此作为因果性存在的人必须具有一般思考问题的关系方式，这符合康德因果范畴的定义。而智性的品格在于非经验性，阿里森的定义是，"所谓'智性的'，在此即相当于'非感性的'或是'非经验性的'，由是推知，该行为者及其活动之智性的品格既不会服从可能经验的条件，也不能用经验性的术语加以描述。进一步说，由于时间是可能经验的普遍条件（一切现象都在时间之中），亦可由是推知，就其智性的品格而言，此一行为者'不会……处于任何时间条件之中'。……简言之，有了智性的品格这一概念，在思考一本体界的主体之经验性的无条件的活动时，我们便有了一个定制。"② 在说明先验自由与实践自由的关系之前，在界定人作为认知主体的时候，须明确康德这里所确定的经验性的存在与本体存在的特征，先验自由作为纯粹理性的自发性与自然的因果性限制具有两种不同出处，前者是理性行为能力的存在，后者是人作为感性存在所受到的局限。

另一方面，阿多诺尽管在诠释这个方面时说明了康德二分法和建构性的目的，即只有自然因果性存在的预设才能够说明先验自由的呈现和人是感性存在与理性存在的统一体。但是没有说明认知主体具有两重性

---

① 至于对康德道义论给出更为合理的重新诠释更是无从谈及，不过，当代学者大卫·高蒂尔则是这方面的佼佼者（参见徐向东编《实践理性》，浙江大学出版社 2011 年版）。

② 亨利·E. 阿里森：《康德的自由理论》，陈虎平译，辽宁教育出版社 2001 年版，第 32 页。

品格,不是阿多诺没有认识到这个问题,而是诠释方法上的不足。康德曾说明这个方面:"每个人都有他的任意的一种经验性的品格,这种品格无非他的理性的某种原因性,只要这种原因性在其现象中的结果上显示出一条规则,根据这条规则我们可以将理性的动机及其行动按照某种类和程度来接受,并能对他的任意的那些主观原则进行判断。由于这种经验性的品格本身必须从作为结果的现象中以及从这些现象提供出经验来的那个规则中引出来:所以人在现象中的一切出自经验性的品格和其他共同作用的原因的行动都是按照自然秩序而被规定的,并且如果我们有可能把人的任意之一切现象一直探索到底,那么决不会有任何单独的人的行动是我们不能肯定地预言并从其先行的诸条件中作为必然的来认识的。所以在这种经验性的品格方面没有任何自由,但唯有按照这个评价我们才能考察人,如果我们只是想观察人,并如同在人类学中所做的那样,从自然之学上研究人的行动的动因的话。"① 这样,确定了人的两种品格,既符合康德的原意,又是在理解先验自由与实践中建立起较为合理的过渡内容,因为这种诠释过程重在确立认知主体的人在宇宙论中理性能力的存在,这种存在就是先验自由的存在和自由因果性的存在。

由此可见,阿多诺对实践自由中"消极的自由"的意义诠释过于简单。在阿多诺的诠释过程中,特别重视先验自由的论证和先验自由与实践自由二者之间在方法上的相似性问题,而忽视了康德在实践自由中,尤其是对理性的存在者在实践经验层面是如何把这种"消极的自由"论证出来的。如果单纯从实践自由来说,就是"消极的自由",但是康德还定义了"积极的自由",这也是实践自由的一部分。阿多诺的诠释从矛盾的和辩证的观点出发,挖掘康德道德哲学的不足进而批评康德"自由观念"的不合理,即注重理论的实质问题,而忽视理论本身的内容合理性。正如他所言:"道德理论的课题在本质上还包括对这个理论本身范围的界定,换句话说,它还应当指出隶属于道德范畴的内容,还应当包括思想没有穷尽的地方,而我们现在既不允许对这些东西

————————
① [德]康德:《纯粹理性批判》,邓晓芒译,杨祖陶校,人民出版社 2004 年版,第443—444 页。

重新加以绝对化，又不允许把它们当作似乎是绝对化的东西来对待，而
是让这些东西重新与理论观察发生联系，假如我们不想让这些东西失去
控制的话。"① 这样一种从理论指导实践的批判理论者的观点也符合阿
多诺研究哲学的一惯性主张，从而相对忽视了康德道德哲学内部论述的
合理性。

---

① ［德］T. W. 阿多诺：《道德哲学的问题》，谢地坤、王彤译，谢地坤校，人民出版社
2007 年版，第 8 页。

第五章　阿多诺道德哲学的展开:诠释康德道义论中的"道德法则"

在阿多诺看来,康德的"先验自由"和"实践自由"具有理性一致是必须明确的,它是诠释康德道德哲学乃至康德理论大厦的重要突破口。那么,"道德法则"成为诠释康德道德哲学的又一重要线索。"当'合法性'以'无法性'为代价而受到称赞而且实际上说出'自由的幻景'一词时,同样的宽慰在康德重视对立的证明中可感知到。法则获得了赞美者的'持久的'称号。这一称号使法则凌驾于无政府状态的恐怖景象之上,同时又不允许去怀疑法则恰恰是旧的不自由的邪恶。但在康德那里,法则概念的统治地位表现在这样一个事实中:他用这种统治地位作为法则假定的更高统一性,既证明了正题又证明了反题。"①因此,"道德法则"是阿多诺诠释康德道德哲学的重要内容。弄清楚阿多诺对康德"道德法则"的界定,不仅能理解"道德法则"的重要性以及相关内容之间所存在的关系,即"道德法则"具有"先天给定性",同时也能表明阿多诺诠释视角具有合理性和独特性。因此,本章首先梳理出康德"道德法则"及其相关内容。其次,论述阿多诺对"道德法则"的诠释。最后,通过阿多诺诠释的基本思想,说明其诠释的独特性。这样既能明晰阿多诺诠释的重要内容,又能够看到阿多诺道德哲学所关注的重要内容。

---

① ［德］阿多尔诺:《否定的辩证法》,张峰译,重庆出版社 1993 年版,第 248 页。

第一节　康德的"道德法则"

在康德道德哲学中，纯粹理性实践的基本法则就是道德法则。从康德的观点来看，道德性在于人具有纯粹理性的实践能力，即纯粹理性的实践表现出人的理性和道德性。这是康德道义论中最为重要的内容，并且它具有形式性与自律性特征。康德在构想道德哲学的基本脉络时，在其《道德形而上学原理》中所阐述的内容：一是从普通的道德理性知识到哲学的理性知识；二是从大众的道德哲学到道德形而上学；三是从道德形而上学到纯粹实践理性的批判。这是从一般经验知识到高度抽象的形而上学的演进。其中最为重要的是，无论是一般经验知识还是理性知识，在道德层面上，道德性的存在基于什么？康德认为，人是理性的存在者，理性就是人之为人的或人性。康德所认为的理性付诸实践，证明了人具有理性的行为能力，但当纯粹理性进入实践层面时，它不可能给出一个实践的规律。而恰巧的是，理性在实践层面不能有一个规律性的模式，因为理性总是探索未知的东西。在实践之前，理智世界给出理性实践的必然性法则（这个法则以先验自由为前提）依照理性自身规定的法则来展开实践，即是说"道德法则"通过理智世界内部演绎出来。康德做了说明："我们道德法则的演绎是无可反对的，应该受到我们责备的一般说来倒是，人类理性竟无法使人明了无条件实践规律的绝对必然性，而定言命令就是这样无条件的实践规律。理性不能因不愿用一种条件来说明它而受到非难，因为这是把某种兴趣作为它的基础，这样的规律就不再是道德规律了。我们确实并不明了道德命令的无条件的实践必然性；但是我们却肯定明了了它的不明了性，这是对哲学合理的要求，它在原则上力求达到人类理性的极限。"① 可见，道德法则在其道德哲学中占据着重要的位置，它回应着"我应当做什么"这个前提。但是，要想理解道德法则，就必须弄清楚积极的自由和自由意志。

---

① ［德］伊曼努尔·康德：《道德形而上学原理》，苗力田译，上海人民出版社 2005 年版，第 90—91 页。

一　积极的自由和意志

从《道德形而上学原理》到《实践理性批判》即是康德哲学在时间上的演进过程,同时是康德道德哲学阐明的理论过程。既然是纯粹实践理性的批判,又为什么叫做实践理性的批判? 康德做过说明,在寻求纯粹理性实践的时候,就必须说明它是存在的。既然纯粹实践理性存在着,而它的存在是由先验自由所证明的。但是,康德要批判理性的全部能力,不仅在理论理性中还要在实践中,那基于什么进行批判? 先验自由只是说明了理性在思辨中的存在,纯粹实践理性又基于什么表现出来? 康德认为,实践的自由包含着消极的自由和积极的自由,消极的自由是证明人作为感性的存在者能够挣脱感性的因果性限制。积极的自由则是根据道德法则成就了人的道德性并且上升至人的人格性。因此,"积极的"自由在康德那里具有重要的意义,"自由概念的实在性既然已由实践理性的一条无可争辩的法则证明,它就构成了纯粹的甚至思辨的理性体系的整个建筑的拱顶石,而所有其他概念(上帝的概念和不朽的概念)作为单纯的理念原来在思辨理性里面是没有居停的,现在依附于自由概念,与它一起并通过它得到了安定和客观实在性,这就是说,这些概念的可能性已由自由是现实的这个事实得到了证明,因为理念通过道德法则展现了自己"①。可见,首先须阐明先验自由在实践中"积极的"一面,其次才是由道德法则展现出来的。

从先验自由到实践的自由,已经证明了人作为本体的存在,这也构成了认识世界存在的可能性,同时构成了人具有理性的特质和人具有道德的方面。人既是感性的东西又是理性的、道德性的存在,但感性与理性的对立构成了道德主体或实践主体的根本特性。从而关于积极的自由的阐述关系到"意志"的问题,意志是如何被决定的? 是由于感性还是由于理性? 康德认为,意志是理性的自由的因果性,不受感性和外界的左右,也不是由感性所决定的因果性。从实践着眼,以感性所决定的意志只是一条准则,具备的只是主观性而没有客观必然性。以理性导致的因果性的意志具有客观性,它不仅仅是主观理智世界的必然性同时具

---

① 〔德〕康德:《实践理性批判》,韩水法译,商务印书馆1999年版,第1—2页。

备了客观性，因为理性是理性存在者的标志和特征。那么，积极的自由与意志就成为能够处理实践原理中实践规则的重要内容。作为感性与理性相统一的人，在实践的过程中具备了一种实践理性，这就是善良意志得以存在的可能。意志是一种自我规定自身行为的能力，只有理性存在者才能够具有。人是理性能力的具有者，人能够不受感性东西的影响而在实践中寻求必然性的规则。"也就是说，意志是这样的一种能力，它只选择那种理性在不受爱好影响的条件下，认为实践上是必然的东西，也就是，认为是善的东西。"① 人作为具有理性实践能力的存在者，能够给予意志以影响的能力并能够追寻善的东西，同时，它是人作为理性存在的最高的善，也是其他东西甚至是幸福的条件。

康德也区分了两种不同的意志，第一种是任意的意志（arbitrary will），另一种是与自身规定相一致的意志，即善的意志。前者就是理论理性中的先验自由或者实践自由中的"消极的自由"，它具有开启一个因果系列的能力。后者则是自律的自由或"积极的自由"，它能够自我立法并展示作为理性存在者所要实践的目的和规则，或者说，它是理性的存在者得以进行道德实践的前提。因此，康德说："由于树立以善良意志为自己最高实践使命的理性，在实现这一意图时，所得到的也只能是一种己所独有的满足，也就是达到一个自身也为理性所决定的目的，而对爱好来说，当然并不满足于只是达到这种目的的。"② 从目的的角度来看，积极的自由关乎到了"责任"概念（duty、obligation），因为积极的自由的目的在于善的东西，责任就是善良意志的体现，积极的自由就是对善的东西的意志追寻。在这个层面，康德所认为的善良意志就是积极的自由的体现，二者之间是等同的关系。

康德的"责任"概念意指，对人来说具有一种必然性，即自我强制性、自我约束性。只有理性的存在者才能够具有责任的观念或负责任，其他不具有这种责任观念的东西只能称之为物件。爱好与欲望不能够产生责任的观念，只是需要的体现，因此责任就是作为理性的存在者

---

① ［德］伊曼努尔·康德：《道德形而上学原理》，苗力田译，上海人民出版社 2005 年版，第 30 页。

② 同上书，第 12 页。

的人的本质体现，也只有拥有了责任或负责任时，人才能感到所谓的真正的幸福。那么，在爱好与责任之间，作为理性的存在者的人的动机就成了主要的标志，人出于责任的动机与人出于爱好的动机成为道德评价的标准。康德给出了三个明确出于责任动机的道德要求："道德的第一个命题是：只有出于责任的行为才具有道德价值。第二个命题是：一个出于责任的行为，其道德价值不取决于它所要实现的意图，而取决于它所被规定的准则。"① "第三个命题，作为以上两个命题的结论，我将这样的表述：责任就是由于尊重（Achtung）规律而产生的行为必要性。"② 这三个命题说明，行为的价值不在于所达到的结果和期待的结果产生出来的原则，而在于责任是完全服从于本身的规律。为此，康德还把责任分为责任对象与约束程度相互搭配的四种实际责任，并做了举例。可见，康德出于责任观念的道德动机论，在于对意志以外任何东西的影响都是不可取的，唯有对善良意志的尊重或者积极的自由的展现，才是一种回到人的理智世界自身或形而上学的考察过程，而不是从现实的角度来考虑的道德理论。

康德认为，"出于责任"的意识就是"尊重"。"尊重"即使是一种情感，也能够清楚地说明其根据是什么。"虽然尊重是一种情感，只不过不是一种因外来作用而感受到的情感，而是一种通过理性概念自己产生出来的情感，一种特殊的、与前一种爱好和恐惧有区别的情感，凡我直接认作对我是规律的东西，我都怀着尊重。这种尊重只是一种使我的意志服从于规律的意识，而不须通过任何其他东西对我的感觉的作用。规律对意志的直接规定的意识就是尊重。所以，尊重是规律作用于主体的结果，而不能看作是规律的原因，更确切一点说，尊重是使利己之心无地自容的价值观察。所以既不能被看作是对对象的爱好，也不能看作是对对象的恐惧，是一种价值与自身的东西，并且是必然地加之于自身的东西。作为规律，我们毫无个人打算服从它；作为自身加之于自

----

① ［德］伊曼努尔·康德：《道德形而上学原理》，苗力田译，上海人民出版社 2005 年版，第 16 页。

② 同上。

身的东西,它又仍然是我们的意志的结果。"① 因此,康德所谓的尊重关乎人的意志,也可以说,只有积极的自由的展现和对善的东西的追求才能够成就尊重,而尊重体现出来则是对道德法则的一种意识。

二　道德法则

康德道德哲学在于从现实走向抽象,再从抽象走向现实,这类似在理论理性阶段中的"范畴"概念,一种是从经验走向抽象概括,另一种是从抽象概括走向现实经验。同样是对"道德法则"的论证,不仅体现在《道德形而上学原理》中,也出现在《实践理性批判》中。对道德法则的论证需要结合两种不同论证的关系才能做出有效说明。因此,康德认为,如同自然规则那样,人作为具有理性的存在者和道德性的存在者必须具有一定的规则来制约和限制,这个规则是行动的基础。康德的道德法则是什么?他说:"这样行动:你意志的准则始终能够同时用作普遍立法的原则。"那么,接下来康德是如何演绎和归纳②出这个法则的呢?

首先,准则与法则在康德道德哲学中的界定,这是重要概念范畴的分殊,二者的区分成为理性存在者实践规则的定义,即道德法则的出现。康德认为,"准则"是人作为行动者主观实践的规则,它往往是理性规定与主观条件相结合的规则,成为人们行为的一般实践依据。"法则"则是对一切理性存在者行为的实践规则,它是适合于理性存在者的客观原则,成为理性存在者实践中行动的依据。可以看出,后者相对于前者具有普遍必然性,而且是在理智世界或本体世界里给出一个具有

---

① ［德］伊曼努尔·康德:《道德形而上学原理》,苗力田译,上海人民出版社 2005 年版,第 22 页。

② 康德分别在两本不同的著作中对道德法则进行了论述,在《道德形而上学原理》中是从一般经验上升到道德法则;《实践理性批判》则是从演绎的视角下降到一般经验世界。这里不妨引用阿多诺的观点:"《实践理性批判》是与《纯粹理性批判》相比较而撰写的,它试图分析实践理性的能力,在这方面展开实践理性的一些矛盾、二律背反,然后解决这些矛盾,并且提出一种方法论。《道德形而上学的基础》与之相反,它是一种原初的尝试:从自然的意识上升为道德哲学的范畴,从一个所谓的前批判出发点奔向道德哲学的观点。从这两部著作的内容来看,它们在很多方面是一致的。"(见［德］T. W. 阿多诺《道德哲学的问题》,谢地坤、王彤译,谢地坤校,人民出版社 2007 年版,第 140 页)这个观点比较客观,《道德形而上学原理》与《实践理性批判》内容是一致的。

普遍必然性的规则。从而准则具有主观性而法则则具有普遍客观性。康德所构建的准则、法则、责任和尊重体系就完全成为在一个理智世界中确立一个整体的标准范型,或者说,道德实践主体确立了决定行动的必然性标准框架。

其次,道德法则是形式性的"定言命令"。康德确立"道德法则"的普遍必然性是对理性存在者而言的,但人作为理性存在者与感性存在者的合一,怎么看待法则与准则对人的作用呢? 康德认为,由于人是两个方面的占有者,要界定哪些是感性决定意志,哪些是理性法则决定意志,对于人来说就不再是采用一般的陈述式而是采用命令式,只有命令式才是来自道德性或理性的要求所必须做的事情。第一,说明命令式与陈述式的区别,一般陈述式用"是"表述,而命令式则是用情态动词"应该"表述,康德说:"一个完全善良的意志,也同样服从善的客观规律,但它并不因此就被看作是强制着符合规律行动的。因为它自身就其主观状况而言,就是为善的观念所决定的。从而命令式并不适用于上帝的意志,一般地说,不适用于神圣的意志,在这里,应该没有存身之地,因为意志自身就必然地和规律相一致。所以,命令式只是表达意志客观规律和这个或那个有理性东西的不完全意志,例如人的意志之间关系的一般公式。"① 第二,康德针对什么决定意志,区分了假言命令与定言命令。假言命令是针对实践可能的必然性,是达到人们所希望结果的手段,而定言命令是绝对命令,它把行动本身看作是自为的客观必然,和结果没有关系也不是手段。"所以,所有的命令式,都是必然地按照某种善良意志规律来规定行为的公式。那种只是作为达到另外目的的手段而成为善良的行为,这种命令是假言的。如若行为自身就被认为是善良的,并且必然地处于一个自身就合乎理性的意志之中,作为它的原则,这种命令是定言的。"② 这就是说,假言命令具有可能的现实的价值,如作为目的的手段,从现实角度考虑存在的价值。但是,定言命令是自为地按照理性的实践原则行动的。因此,定言命令只有一条:

---

① [德] 伊曼努尔·康德:《道德形而上学原理》,苗力田译,上海人民出版社 2005 年版,第31—32 页。

② 同上书,第32 页。

"这样行动：你意志的准则始终能够同时用作普遍立法的原则。"这就是关于意志与责任的第一命令式。第二个关于意志与实践原则的命令式是："你的行动，要把你自己人身中的人性，和其他人身中的人性，在任何时候都同样看作是目的，永远不能只看作是手段。"第三个关于意志是善良的并将其变为现实的命令式是："你行动所遵从的准则，要能同时使其自身成为像自然普遍规律那样的对象，成为目的王国自主的立法者。"① 这三条只是从不同方面而论，并不是三条不同的命令式，但都以第一条为依据。这就构成了道德法则在意识中的一个形式性的决定程序。

再次，道德法则具有自律性。道德法则即是纯粹理性的实践法则，它是由理智世界的纯粹形式决定自身并具有普遍的必然性，而与之相关的是道德法则的自律性。意志自律是道德法则以及责任产生的前提，意志是理性存在者自由的因果性，他律则不是理性自由的因果性而是感性欲望产生的意志。自律是依据法则的形式性进行的，而他律则是依据准则的实质性进行的。前者具有道德性；后者基于幸福原则。康德阐明了这一点："意志自律是一切道德法则以及合乎这些法则的职责的独一无二的原则；与此相反，意愿的一切他律非但没有建立任何职责，反而与职责的原则，与意志的德性，正相反对。德性唯一原则就在于它对于法则的一切质料（亦即欲求的客体）的独立性，同时，还在于通过一个准则必定具有的单纯的普遍立法形式来决定意愿。但是，前一种独立性是消极意义上的自由，而纯粹的并且本身实践的理性的自己立法，则是积极意义上的自由。"② 道德法则就是表达纯粹实践理性的自律，即自由的自律。但这种自律本身其实是各种准则的形式条件，只有在这个前提下，准则才与最高的实践法则保持一致。因此，康德把感性的爱好、欲望与以幸福为目的的经验因素排除出去。但不可忽视的是，康德并没有把道德法则排除在经验之外，只是在实践中或行动在经验世界中时，"道德法则"才成为支配我们的实践根据并成为我们达到幸福的必然性

---

① 这里总结了三条公式（［德］伊曼努尔·康德《道德形而上学原理》，苗力田译，上海人民出版社 2005 年版），一般第二条叫做人性公式，第三条叫做人格公式或自主性公式。

② ［德］康德：《实践理性批判》，韩水法译，商务印书馆 1999 年版，第 34—35 页。

条件，即德福相配。

最后，"道德法则"的意义在于成为决定善与恶的标准。在康德分析实践理性的对象问题时，实践理性的对象或自由意志的对象成为一种本体表象的目的，即是按照道德法则要求自由的意志积极符合的形式目的。如果能达到这个形式所规定的目的就是善的，而其他决定意志所达到的目的则是恶的。康德因而区分了善和恶、祸与福，祸与福视我们的愉快与不愉快的感觉状态而定，善和恶则依据是否按照道德法则而规定意志或意志是否按照道德法则行事。换句话说，善恶概念不是在道德法则之前而是在道德法则之后，并在道德法则规定下做出判定。康德明确地阐明："因为人们已经依照善恶概念用一个对象构成一切实践法则的基础，但是那个对象因无先行的法则只能依照经验的概念被思维，所以人们已经预先剥夺了仅仅思维一条纯粹实践法则的这种可能性；因为相反，如果人们先分析地研究过实践法则，那么人们就会发现，不是作为对象的善的概念决定道德法则并使之可能，而相反是道德法则在其绝对地配享善的名称的范围之内，首先决定善的概念并使其可能。"① 因此，康德的道德法则是先天地决定了善与恶的界定标准的，这也是理论理性与实践理性一致性的表现，因为实践理性确立道德法则，进而由自由的意志按照道德法则去践行。

第二节　先天给定性：对康德"道德法则"的诠释

在阿多诺看来，"道德法则"在康德的道义论中是具有先天给定性或唯一性的，它关系到康德道德哲学的理性主义特征。"康德关心的唯一问题是，我是在这个道德法则本身的意义上行动，而有关效果的疑问——如果我应该这样表述的话——一般并不起本质的作用。"② 康德哲学有一个连贯的建构特征，无论是认识论中的范畴还是道德哲学中的道德原则都是先验建构出来的，并且被应用到经验世界中去。就观念的

---

① ［德］康德：《实践理性批判》，韩水法译，商务印书馆1999年版，第69页。

② ［德］T. W. 阿多诺：《道德哲学的问题》，谢地坤、王彤译，谢地坤校，人民出版社2007年版，第147页。

先验性与经验的实在性而言，所谓先天给定性，或观念的先天性具有了普遍必然性和客观性，它对经验世界具有必然性要求。在康德那里，尽管这些原则和范畴不是从经验中得出的，但是要回到经验中去。所以，阿多诺认为，"道德法则"具有"先天给定性"，这是康德通过理智世界与经验世界分立的架构所确立的理性一致性。可以看出，阿多诺诠释"道德法则"有一种基本的把握，这成为阿多诺诠释"道德法则"的开始。

在诠释"道德法则"的先天给定性之前，一方面，阿多诺明确康德在处理理性与现实实践时表现出一种悖论的特点，但他要努力规约这个悖论①，而处理本身则体现出唯理主义的特征。"一方面先验的这个概念排除了，因为先验的认识是理应独立于一切经验的一种认识，但另一方面，自我应当是只能通过某一种经验、某一种觉察才能获得这样的先验。这是一个矛盾，按照通常的传统逻辑的方法，是根本不可能解决这个矛盾的，因此，哲学除了把这个矛盾本身当成命题以外，就决不会有其他的道路。"② 如果对此加以规定，就必须运用辩证思维来进行处理。辩证思维的含义是：如果矛盾出现并充满强迫，那就不能满足于否认或消除这些矛盾，而是要把矛盾提升为反思的对象和命题。可见，阿多诺利用辩证思维去对待先验的存在和经验的实在发生了矛盾，尽管二者之间发生了矛盾，但辩证思维就在于为矛盾双方寻求一个恰当的结合点。

另一方面，阿多诺先区别了康德道义论中的"道德法则"与中世纪神学的"道德法则"③ 之间的关系。阿多诺从哲学史着眼，中世纪哲学的发展在于哲学对神学的辩护，上帝的存在是以哲学的理性为其辩护基础的，但不能说理性是第一位的存在，而只能是上帝的先在，这却留下了一个重要的命题：一个行为因为上帝而善还是因行为是善的而得到

---

① 阿多诺认为，康德哲学已经意识到先验与经验之间的这种关系，并且认为康德是辩证思维的开启者和推动者。
② ［德］T. W. 阿多诺：《道德哲学的问题》，谢地坤、王彤译，谢地坤校，人民出版社2007年版，第88页。
③ 一般伦理学都把中世纪神学伦理学叫做"神正论"，它是最早的规范伦理学的代表。因此，在一个规范伦理学中，道德法则的有效性是内在的，对神正论与康德道义论之间的理论渊源，阿多诺进行了界定。

上帝的认可。① 那么，要想充分理解康德道德哲学中的道德法则和道德法则中所设定的上帝的存在必须与中世界神学的道德法则区别开来。托马斯·阿奎那对上帝存在的分析，即"存在的类比"，托马斯主义留下了一个重要的传统，康德延续这个传统而进行了发展。"这就像古典的托马斯主义中关于'存在的类比（analogia entis）'学说所做的那样，从这个时候起，在哲学的倾向方面实际上已经隐含了这样的东西：哲学使自己的第一和绝对者依赖于对第一和绝对者来说是第二位的东西，这就是因为这样的理性从其自身方面而言是绝对不可能被思考的，除非人们把它表象为，这是一个受到有限的人的抽象的并且曾经在人身上得到表现的东西。"② 相对而言，托马斯主义在于对上帝存在与道德行为的关系方面进行对上帝的论证，这在康德的道德哲学中已经不再是主题，他将道德法则赋之为第一性存在，上帝则是第二性的存在。"在理念秩序意义上曾经是最远处的东西，现在则被变为一个被推演出的东西，一个次级的东西。"③ 这就是说，隐含在康德道德哲学背后的理性概念是存在于行动中的实实在在的人的自由。换言之，上帝存在在哲学中变为依赖于人的原则，即依赖于人的理性原则。可见，康德在设定道德法则时，道德法则已经转向主体行动的最原初的依据，上帝成为康德道德法则之下的一个存在的重要概念。阿多诺认为："这个转折是最重要的，它是康德道德哲学的全部建构中的决定性的纲领。你们只有首先搞清楚，为什么这个纲领必须被看作是给定的……如果道德法则本身就是给出的，这就是说，如果它完全是此在的东西（dasein），完全可以免去追问其渊源和原由，它就是一个最终的东西，一切认识都可以回溯到它那里，那么，为了使其生效，就需要那三个原则或三个实体：上帝、自由和不朽——这就是康德道德哲学的建构。"④ 所以，阿多诺基于对康德道德哲学的理论背景和对道德法则在道德哲学中的地位展开了对道德

---

①　伦理学论著都会涉及该问题，这是广泛意义上的伦理学或道德哲学都要说明的理论形态（参见徐向东《自我、他人与道德——道德哲学导论》，商务印书馆 2007 年版，第五章）。

②　[德] T. W. 阿多诺：《道德哲学的问题》，谢地坤、王彤译，谢地坤校，人民出版社 2007 年版，第 82 页。

③　同上书，第 82 页。

④　同上书，第 83—84 页。

法则的诠释。

首先，阿多诺的诠释在于对"给定性"概念给出必要的解释。他认为，"给定性"不是感性的和经验的概念，它对道德法则来说具有重要意义并认同叔本华对这个概念的解读，即具有神性、给予自我的东西。这个概念把道德法则看作一种具有神性的东西，它给予自我一种明确的东西。如果说道德法则是理性的，那么给定性就是理性自明的，它拒斥经验的干预，尽管是在经验的前提下才意识到理性的东西。这表明人在行动中，只有按照道德法则的要求才能进行，理性的存在者立刻拥有了道德法则的意识。在康德那里，自由合乎道德法则的行动才是来自纯粹理性的行动，或才被视为在道德法则给定性的范围内或被视为在理性范围以内，这就是说，在一个漠视先验和经验之领域的体系中表达了对结构合理性的规定。以他看来，"给定性""一方面，理性的这种给定状况、理性自身的这种给定性被看做是一个不再可能被追溯、不再可能被约减（irreduzibel）的东西；另一方面，这也是这样一种尝试，就像在其他的经验中一样，自我通过理智能力能够直接获得的理性及其规律去证实这种给定性。"① 这表明，道德法则是先验的和理性的，它对实践的主体来说就具有自明性和代表着理性存在者的意识范围，从而不再探究道德法则的真正来源，并按照道德法则要求的必然性和普遍性进行实践。这就是对道德法则的自律，只有对道德法则的自律才能够说明给定性的概念含义。但阿多诺进一步说道，其实给定性是一种第二等级的给定性，"即理性的此在——理性的现成存在和对理性的记载都可以被理解为这种给定性，而不可能被理解为经验内容的给定性，这样的理性之此在，在这里包含着必然性和普遍性这两个因素，而在必然性的概念中立刻就隐含着其对立面——自由，康德在此恰恰是对作为自由之工具的理性加以规定"②。在阿多诺看来，积极的自由才具有第一层级的意义，因为在康德那里，关于积极自由就是理性对自身的规定，即对道德法则的自律，才是道德法则得以产生的根源。

---

① ［德］T. W. 阿多诺：《道德哲学的问题》，谢地坤、王彤译，谢地坤校，人民出版社2007年版，第87页。

② 同上书，第89—90页。

其次, 阿多诺的诠释在于道德法则具有给定性并是理性自身的给定并表明自律的重要性。关于自律概念, 只有理性存在者基于理性自身对道德法则产生自律, 而他律则是在感性的和经验的决定下产生的。阿多诺解释道:"道德法则确实是唯一的对纯粹理性的实践应用生效, 并且允许有法规的东西, 而与之恰恰相反的, 则是行动的实践法则并不生效, 它最终只是那种智慧的法则, 是一种他律的东西, 由于它们使我们受到外在条件和外在结果的约束, 因此, 它在一定程度上使我们成为非自由的, 并且让我们依赖于某些并不是我们自己理性的东西。"① 可见, 阿多诺这样理解关乎自律概念对道德法则诠释的重要性:"就此而言, 道德法则虽然是自由的法则——因为自我作为理性存在物是自己为自己确立这些法则的, 而没有在这方面使自己依赖于任何外在的东西——但同时又是具有合乎法则的特性, 因为人们决不可能理解, 合乎理性的行动和按照理性推演有什么地方是不同于合乎法则的, 并按照规定去推演和行动的。"②

从而阿多诺认为, 积极的自由与道德法则之间就是一种动态的关系, 但是道德法则具有大全性, 在法则的理念中始终包含着自由的潜能, 而法则不允许有任何例外情况, 它在自身中具有某种大全性, 在强制不具有理性因素的地方也对人实行强制。"……自由与法则的关系不是可以进行很好的平衡的关系, 它们不是理性的平衡, 而是动态的元素。"③ 因此, 理性的道德法则具有对行动的强迫性, 这种强迫性表现为理性的强制, 但说明了强制是理性存在者的"自然"表现或符合"自然的"过程。那么, 康德必须表明这个理性道德法则在理性内部是如何展现的。也就是说, 理性的此在在这里是一个什么样的过程。在这个过程中, 阿多诺的诠释在于说明, 积极的自由发挥着重要的作用, 即作为积极的自由下的道德法则就是一种自然的东西, 对道德法则的自律是理性的自然表达。"康德在这里尝试用这样的方式去控制法则与自由的矛盾, 也就是他是如此来看待聚集在这个定理中法则与自由这两个元素的, 合法性并不是一种关于正在发生事情的合法性, 而仅仅是一种关

---

　　① [德] T. W. 阿多诺:《道德哲学的问题》, 谢地坤、王彤译, 谢地坤校, 人民出版社 2007 年版, 第 95 页。

　　② 同上书, 第 89 页。

　　③ 同上书, 第 139 页。

于应当发生事情的合法性……它确实是全部康德道德哲学的最重要的地方。"① 从而阿多诺认为，应该做出什么样的行为就是理性道德法则的强制或要求下的行为，积极的自由在这里就是把道德法则作为一种自然秩序的遵照而已。康德就是要建立一个理性的秩序并把这个秩序看作是自然的秩序，这个自然秩序就是与自由的王国同时被建立的。

　　既然阿多诺认为对道德法则的自律就是理性的自然表达，那么"自然"在康德哲学中的意义就必须加以明确。因为只有明确了自然的意义，才能够理解康德的理性给定之下的道德法则所具有的第一层级含义。阿多诺从语词的角度进行阐释，将康德的"Natur"用"Ding"这个词来表示，这样就构成了双重的意思。"一方面，'Ding an sich'（物自体）是指自我的诸现象的所谓不明原因，即一个绝对的先验物和一个决不给予自我的东西；另一方面，'Ding'作为构成物（Konstitum）是指对象，它作为持久的对象通过自我感觉即质料与自我的直观形式和思维形式的共同作用理应得以完成。"② 依阿多诺的解释，这两重含义，一是作为先验的物，在认识论中就是物自体和外在不可知的世界。二是从自我实践的角度来看，道德法则构成人进行实践不可企及的标准，但是人的实践必须按照道德法则的标准进行，否则就不可能称之为"实践"。因此，阿多诺进一步解释道："这就是说，一方面，'Natur'在康德那里构成的东西，是有限物，是经验的集合概念，它作为一个人心之内的原则，即作为欲望能力，最后是在康德的《单纯理性界限内的宗教》论著中被设定为是一个与极端恶相同的东西。但另一方面，它也是作为物自体而存在的根据——请你们给我一点点时间让我把这个拙劣的表达说完——，并且还是这样的绝对者，它在我们之内实行统治，还向我们发布什么应当是善，什么应当是恶的提示。"③ 所以说，阿多诺从语词的意义上说明了道德法则的绝对性，并且认识到康德把道德法则作为善和恶相区分的标准。

　　在阿多诺看来，理性就是一种工具，人进行感性需求的实践与理性

---

① ［德］T. W. 阿多诺：《道德哲学的问题》，谢地坤、王彤译，谢地坤校，人民出版社2007年版，第101页。

② 同上书，第105页。

③ 同上。

道德的实践，二者之间并没有分开。通过对道德法则的自律引申出理性在康德哲学中的问题，即在一般感性实践中"自我持存"的理性与遵守道德法则的理性是同一个理性。阿多诺认为，这个理性在康德那里先被理解为是一个理性或称之为"同一性理性"①。自霍布斯开始，自我持存的理性与斯宾诺莎的理性被康德继承下来并归为一类，还在这个理性发生矛盾的地方给予一定的黏合。但这里必然会发生一个矛盾："一方面，理性按照自己的内容，按照其自己的内涵是不能与自我保持的利益区分开来的，因为理性本身其实就与进行自我保持的主体是同一的，但另一方面，理性却应当能够走向自我保持之利益的对立面——非常容易和极其明确地搞清楚，为什么康德却不能容忍我们刚刚讨论的'Natur'这个概念的二重性，为什么他后来像人们所说的那样，被迫在一个更高级的概念上扬弃了这种二重性。"② 基于这种矛盾，康德道德哲学是不会对这个问题置之不理的。阿多诺认为，道德法则就是区别当下人的行动可以凭借的重要形式，如果没有道德法则的普遍性和必然性，那么这个矛盾就是难以弄清楚的。道德法则的普遍性来自于理性规定，道德法则的必然性则是理性的要求。人因为是理性的存在者才被称之为人，那么，人具有理性是由于人不受自然因果性的束缚，但是人作为理性的存在者的实践必然要按照理性的要求行事，这个理性的要求就是由道德法则得出的。道德法则在这里承载了把理性作为实践的工具，并且理性为道德法则作为评判标准提供了工具性功能。在积极的自由的作用下，对理性的人来说，能够达到对道德法则的自律。

　　阿多诺进一步诠释道，在康德那里，尽管发生了理性的矛盾或者说理性的断裂③，康德道德哲学就是建立在这个基础之上的，理性在这里

---

　　① 因为康德要说明的一个问题是，霍布斯和斯宾诺莎的观点尽管是从自我持存的角度出发的，然而，如果人没有了理性，那就是一种盲目的行为，与动物无异。霍布斯和斯宾诺莎在谈论人为了不进入人与人之间的斗争，一个前提就是人有理性，有了这个理性，人就开始思考属于人的生活是什么样子。阿多诺在接下来的诠释中，阐明了康德是基于这个前提去谈论理性所处的二重性矛盾的，这个矛盾产生了康德的"道德法则"。

　　② ［德］T. W. 阿多诺:《道德哲学的问题》，谢地坤、王彤译，谢地坤校，人民出版社2007年版，第106页。

　　③ 阿多诺认为，这种矛盾就是一种理性的断裂，"理性在这里一方面是作为依据自我持存的模式而建立的，而另一方面却必须限制由此带来的灾难性后果和矛盾的自我保持的分离性"。

是对道德法则的尊重而不再追问道德法则为什么是给定性的。"而是道德哲学的建构本身就以一种决定性的意义建立在这种断裂基础之上,这就是说,人们不应继续追问道德法则本身所具有的这种给定性,而是自我应当直截了当地尊重这种给定性。"① 可见,"尊重"是康德道德哲学的一个重要概念,其表现就是一种感情的敬重感的得出。阿多诺认为,敬重感虽是一种情感但不是感情的情感,而是康德意义上的理性情感,只有面对理性、理智时,它才被唤醒,如同情绪活动中的反射或理性原则本身的活动一样。"就此而言,敬重这个概念在康德那里就成为自我的自由和合法性之间的中介,后者不仅是法则本身及其特有的理性的合法性,而且还是法则命令自我而具有命令特征的合法性,这一命令特征借助敬重而在我身上得以实现。"②

再次,阿多诺的诠释在于,定言命令是一种抽象的理性决定范畴,并对道德实践具有理性事实性意义。在康德道德哲学中,定言命令成就的是真正的实践。阿多诺认为,康德用"意志"这个概念来说明定言命令的意义:"意志的概念在这里完全是从形式上被把握的。我的渴望能力——我的行动就产生于这个能力——应当以来自于理性的目的为目标的;意志被限制在一个以目的为目标、受到目的所左右的渴望能力之上。"③ 可见,这种诠释充分体现了定言命令的意义所在,意志概念与一般的语言使用的意志不同,但与事实上的一般现象是一致的。康德用"意志"定义道德法则,对一个现实的行动者来说,理性的道德法则就应该是定言的或无上的,它必须是命令式的。

在阿多诺看来,康德的"意志"概念就是以理性的法则为依据产生的,并说明了意志与欲求能力之间的关系,指出康德的意志概念就是欲求能力。"在欲求能力的规定根据具有目的的条件下,意志就是欲求能力。这个表述很惹人注意,因为它表现的是无数个敏感的自我修正,

---

① ［德］T. W. 阿多诺:《道德哲学的问题》,谢地坤、王彤译,谢地坤校,人民出版社2007年版,第107页。
② 同上书,第151页。
③ 同上书,第142页。

我最想说的是，这些自我修正构成了康德体系。"① 这就表明康德哲学从其本质动机来看是客观地指向辩证法的，但由于传统逻辑的规定，只有通过修正和自我修正的过程来完成概念的辩证法，即把矛盾纳入概念本身中。从而阿多诺认为，这是一种区别感性决定意志的传统道德哲学的有关意志的表达，从而支撑起康德把道德法则作为根本目的，意志就在于达到这个目的，并且是在理性的范围内，由定言命令进行规约。"这种在原则上被认为具有感性的能力由于又一次被非常形式地理解，它在那个按照理性目的来排列的时刻就恰恰从属于理性目的，尽管它仍然是被介绍给理性本身的。这就是为什么这一介绍如同一切中介范畴那样在康德这里是如此之重要的原因，因为这种欲求、意图在原初是属于感性能力一类的东西——道德行为通常是与这种能力有区别的，它在自身中具有一种被理性所确定的可能性，而我们也正是由此才能设想，道德法则、无上命令和作为经验存在物的我们的行为怎样相互协调一致；这也是为什么康德那里会出现这种真正的中间规定，这种对意志的中间规定作为对欲求能力的中间规定，同时又受理性的制约。"② 可见，阿多诺表明了康德"意志"不再是外在事物或感性与心灵中理性的中介，而是心灵内部的理性以意志占有欲望的能力，这是一种完全反转的状态。从而康德的意志是一种由理性内部规定并通过意志而付诸道德法则的行动，这个行动就代表着理性的实践，这个意志在这里就是一种"善"的表达。"意志就在于追寻一种完全不同的目的，追求完全不同于在传统理解中赋予意志的自我保护的目的。"③ 从阿多诺的诠释来看，"意志"这个概念并不是某种固执己见的、简单的东西。相反，它体现出本能力量、本能冲动以及对冲动的合理控制并交织在一起。从对"意志"这个概念做出这种中介而言，在康德那里，意志本身就是善的，恶就是没有意志的东西，无意志之物就是受到无上命令规约的东西，这符合康德用道德法则区分善恶的标准。正如阿多诺的阐释，善的概念乃至于"至善"的概念不再是外在的、对象化的东西，而是变成内心的

---

① ［德］T. W. 阿多诺:《道德哲学的问题》，谢地坤、王彤译，谢地坤校，人民出版社2007 年版，第 145—146 页。

② 同上书，第 146 页。

③ 同上书，第 148—149 页。

东西或绝对的收心内视，并且把基督教的信仰学说变成了一种收心内视的中介。

最后，阿多诺对道德法则做出形式性的阐释。在阿多诺看来，康德用理性对自然进行了彻底的统治，理性就成了自然本身。但是康德并没有对自然与理性之间的关系做出一个辩证的、合理的说明，在精神与自然之间一直存在着一个二元论结构，康德的道德哲学就是在这个自然与理性的缺口上建构的。理性的存在就是以反思自然而成立的，那么作为理性的道德法则对于具有经验性的人来说，则成了定言命令或无上命令，道德法则就是一个具有强迫机制的形式存在。这也意味着，我们应当做什么具有了一个标准，"超越自然的东西就是蕴含在自然本身之中的自然。康德以一定方式表达了这点，但同时他又对此一无所知，其原因就在于，对康德来说，由于理性的范围就是全然的统辖自然的范畴，所以统辖自然本身就是一个绝对的不言而喻的事情，这就如同康德在伦理学中给出的一切范围，他们其实都不外乎是统辖自然而已"①。那么，这个超越自然的东西是怎么统辖自然和成为自然本身的呢？阿多诺进行了阐明，在康德的道德哲学中，道德的就是理性的、自由的，道德的也就是自然的。那么，作为理性的、自由的道德法则在康德那里具有了一定的形式性。

所以阿多诺认为，康德是一个道德严肃论者。所谓道德严肃论者，就是以道德的合法性排除爱好的和自然的一切可能的干扰，也排除对道德法则的理性基础的怀疑论。道德的就是把道德法则看作是一个无上命令，并依照这个命令形式行动。"就是说，唯一能使这些形式的规定超越形式主义，我还要补充说，唯一能使这些形式规定获得轮廓的，就是这样一个基本要素：这些规定不应当容忍任何一种特殊的情况，正是它们被赋予了这样的特性，即康德所说的无上的、人们绝对不能不理会的要求的特定。"② 接着，阿多诺阐明了康德用"义务"概念来表达道德法则的必然性。义务是相对于道德法则而言的，它排除了经验的、爱好

---

① ［德］T. W. 阿多诺：《道德哲学的问题》，谢地坤、王彤译，谢地坤校，人民出版社2007年版，第118页。

② 同上书，第123页。

的一切东西。阿多诺认为，康德的理性道德法则与自然形成了极端划分，这种划分构建了道德法则的必然性和正当性。同时，这个具有形式性的道德法则在纯粹心灵内部成了道德行动的根据。"由于不可能完全表象任何东西，不可能表象任何规定东西，而这样的东西在这个意义上，从其自身来说不会回溯到经验的实在性那里，所以，根据康德伦理学中的这种分部合唱法，这种二重原则——我已经向你们详细地展开了这种原则——，这样的原则本身就只能被设置为一种完全形式上的东西，就其本身而言，这就是必然的，也就是说，从根本上讲，除去理性与其自身的单纯同一性之外，这里绝没有任何其他东西。"①　这就可知，康德的建构只是达到了一种理性内部形式的合理性，但理性道德法则却无法把具体表象的东西纳入经验的实在性中，从而成了一个无法介入的尴尬境地。不过，阿多诺在这里考察了道德法则规定行动并且赋予必然的道德性观点的根源。苏格拉底之后的传统就是正确的知识同时规定正确的行动，这被称之为道德哲学的理性主义，康德就是这个理性主义传统的继承者。同时，康德又是虔敬派新教的信徒，所以康德道德法则的形式性就是二者的兼备者。正确的行为来自纯粹的心灵，这个心灵只是理性的抉择范畴。

第三节　"纯粹心灵"的他律性：阿多诺诠释的独特性

阿多诺对"道德法则"及相关性内容进行了基本的诠释，并进行了评价和反思，也体现了自身的独特性。更为重要的是，由于道德法则在实践理性中的重要性，阿多诺认为，自苏格拉底之后，正确的知识即是正确的行动，这种理性主义的传统一直成为德国哲学的根基，康德的道德哲学更侧重于这个方面的发展，把正确的行动建立在一个纯粹的心灵内部，从而为行动建立一个可靠的理性模式。"康德在这个关键问题上是与整个德国的传统观点，或许是可以回溯到虔敬派那里的传统的观点相对立的，这个传统观点认为，正确的行为举止是纯粹心灵的事情，

---

① ［德］T. W. 阿多诺：《道德哲学的问题》，谢地坤、王彤译，谢地坤校，人民出版社2007年版，第124页。

是纯粹直接性的事情，尽管康德的直接继承者并且与康德出身相同的费希特说，道德始终是不言而喻的事情，从而在一定程度上又回到传统的立场上。"① 实践理性必须以道德法则为前提，但承载实践理性的纯粹心灵（良心）成为形式性的决定机制。在阿多诺看来，康德哲学内部存在着这个问题，从道德心理的角度来看，康德把纯粹心灵定义在先验世界中，是人的感性与理性相互交织的存在物，那么纯粹心灵就是一个经验的存在物。在处理现实的情况下，道德法则难以对具体性的行为给出一个充分的理由，纯粹心灵（良心）只有在辨识了所谓经验中的条件之后才能够给予行为以合理性指示。但是，纯粹心灵具有了经验性的品质，那么，纯粹心灵就具有了他律性。阿多诺通过现代心理学，即弗洛伊德的心理学，对此问题进行了说明，这尤其凸显了阿多诺诠释的独特性价值。由于这个问题关涉康德道义论的理论核心，所以，引入一些相关的观点，既是对康德问题的进一步展开，又是对阿多诺诠释独特性的强调。

一 "纯粹心灵"的他律性：心理学的说明

阿多诺认为，尽管道德法则具有先天给定性，但它导致了理性法则与经验实践之间的问题。用罗尔斯的话说是纯粹实践理性和经验实践理性之间的问题。理性虽给出了一个具有先天性的道德法则，但当理性被运用到实践中时，理性在本体或理智的世界里怎么界定经验的东西，纯粹实践理性的判断力是基于什么之上的？更深入的一个诘问就是，这个理性到底来自什么地方？② 康德把道德哲学建立在这两者之间的断裂上，即理性在本体与经验之间并相互统一。从实践的角度来看，康德用"纯粹心灵"概念阐述理性法则的范围及约束行动，但"纯粹心灵"则可能是一个由经验造成的概念。阿多诺用心理学的分析描述了"纯粹心灵"的他律性。

首先，阿多诺对康德道德法则的强制提出了疑问。虽然道德法则是

---

① ［德］T. W. 阿多诺：《道德哲学的问题》，谢地坤、王彤译，谢地坤校，人民出版社2007年版，第126页。

② 这里只是谈论道德法则的问题，下一章将说明阿多诺对理性在这里存在的二元论问题的处理，阿多诺将用否定的辩证法进行一个超越二元论的处理。

一个理性的事实,但人是作为现实行动的主体,对于经验个体来说,我们怎么按照道德法则去行动?相对于欲望和爱好去行动对道德法则的命令正当吗?依照道德法则行动只是产生于心理的决策,是理性的事实,理性事实与经验现实之间存在着一定的差距。理性事实只是心理内部的一个形式决定,而现实不能被忽视。阿多诺用弗洛伊德的"格式塔"方式进行心理分析①,把康德道德法则决定机制的纯粹心灵比喻为现代心理学上的心理形式的决定形态:"心理分析已经以其严谨的格式塔(Gestalt)方式——我在心理分析方面总是只谈弗洛伊德的严谨的格式塔,而不认同经过像荣格、阿德勒这样一些人的'深刻'所造成的心理分析的淡化和肤浅化——证实,我们所服从的强迫的机制,它们从其自身方面而言是种系发生学的,这就是说,它们是对事实上的权力的收心内视(Verinnerlichung),是对曾经占据支配地位的社会规范的收心内视,而我们是通过家族的本性传承了这些规范,并且一般是通过对父亲对象的认同把这些规范当作自己的东西。"② 由此可知,阿多诺认为,通过弗洛伊德的心理分析,康德尽管从事实角度获得了道德法则的给定性并且由"义务"概念来承担,但是道德法则的强制毕竟来自于一种心理决定的事实,心理却不是无条件给定的而是前在条件给定的,或者说这个心理是有条件的产物。他认为,尼采看到了这种心理的他律性:"这个观点就是尼采针对这种义务概念提出了限制物的东西,尼采以一种不可描述的方式把握了在所谓康德的自律之中的他律的因素,我们决不能把这种洞察归功于纯粹哲学分析中的一种极端主义的表达。"③ 康德绝对地设定为形式原则的强制,并非像他想到的那样是先验的、无条件的东西。因此,道德法则的先天给定性所产生的强制并非如康德所谓

---

① 我们可以看到,在阿多诺的著作中,基本上都是德国哲学家,自康德到海德格尔,还有一个例外就是弗洛伊德,这是法兰克福学派第一代学人的基本传统,英美法哲学家的著作很少被涉及。第三代学人的领军人物霍奈特(Axel Honneth)在一次重要会议的报告中提到:"法兰克福学派的核心人物在构建自己理论前提时提及的只是欧洲或德国思想家们的理论,也就是说康德、黑格尔、马克思、尼采、韦伯以及不断被论及的弗洛伊德。"(详见[德]阿梅龙、[德]狄安涅、刘森林主编:《法兰克福学派在中国》,社会科学文献出版社2011年版,第2页)

② [德]T. W. 阿多诺:《道德哲学的问题》,谢地坤、王彤译,谢地坤校,人民出版社2007年版,第91—92页。

③ 同上书,第92—93页。

的是一种绝对道德物的法则的源泉。既然这种心理不是先天给定的，那么心理就具有经验性和条件性，条件性是由经验产生的，或者说，良心就是由经验性培养而成的，如人的培养环境、心理经历等。从这个方面而言，阿多诺认为，康德的道德法则只是心理在理性内部进行决定的一个机制，而没有着眼于经验世界造就纯粹心灵的可能性。

其次，阿多诺认为，康德尽管用主体内部的自省（Selbstbesinnung）能力处理这个矛盾，但没有说明纯粹心灵（良心）是来自理性的还是经验性的。他说："当我们注意到、认识到，我们就是自然的一个部分的时候，我们就不再是自然的一个部分。我相信，人们不可能更敏锐地来谈论这个部分，因为盲目化实际上无外乎就是那种独自地固执己见而已，它因此决不可能把握自省的原则，而且正是由于它没有认识到它自身受到自己本性的局限，所以，那种简单的追逐直接目的和直接性的活动就使它听任这种本性之局限的驱使。……它所回避的东西，即人们在一个特别强调意义上可以称作主体的东西，无非就是自省，就是人们对自我的思考，自我在自省中注意到：自我本身是自然的部分——正因为如此，它才摆脱了对自然目的的盲目追求，并且转变为其他东西。"①这就是说，在实践中理性虽然设定了一个给定性的标准，尽管不知道自然的范围以及自身中自然的部分，但是，我们具有理性就已经说明我们具有反思的本质，即"良心"是经验性的，而只是主体在理性的自省中时刻把良心的东西加以应用到行动中去。既能够不受理性自身规定的先验性限制，也不会受到人作为自然部分的限制，然而，良心并没有说明是一种什么性质的存在物。

对道德法则在理性内部的强制机制，阿多诺用弗洛伊德的心理学进行了比喻分析，从而说明作为经验的存在物和感性的存在者的人并不能完全接受这种强制，并且认同尼采所谓的最大的他律性观点。阿多诺认为，作为科学家出身的康德，不会把理性内部一致的心灵机制看作是心理学问题。但如果康德用现代心理学的观点来看待纯粹心灵，它产生于后天的、经验的条件下的心理东西，那么康德一定会拒绝他自己的观

---

① ［德］T. W. 阿多诺：《道德哲学的问题》，谢地坤、王彤译，谢地坤校，人民出版社2007年版，第117页。

点。"如果可能涉及的是在主体的行为方式的心理条件中研究主体的最高级的逻辑行为方式——这是就它们仍然是作为主体趋向于世界的实在的行为方式而言的——，那么，康德或许就会拒绝把某些心灵力量，或者某种心灵能力和某个心灵部分算作理智世界中一种实定的存在物和给定物。如果这两个范围在事实上确实是不可调和地相互分离的，那么，道德法则的给定性就是把某些从一开始就不可能被人们所完成的事情强加给人们，而且我还想说，在这种过分要求之中可能蕴含了一种非理性的方式，它与康德所主张的认识道德的地方，也就是与理性自身是不相一致的。"① 因为，这作为制定"善"和"恶"道德标准的机制，即纯粹心灵，可能是由经验产生的。

最后，阿多诺认为，理性在康德那里就需要一个理性选择的能力，如果没有这个能力，理性无法付诸经验的实践，尽管康德有一个实践理性优先的导向。"也就是说，你们在这里完全可以说出这样的东西，因为作为检验实在的能力的理性是一个给定我们的东西，所以它应当提供关于我们自由的所谓经验证明。"② 不过，康德特别坦诚他在这里决不是把理性公设为一个空洞无物的逻辑能力的东西，而是对理性在事实上的应用做出的经验考虑；理性被思考为这样一种能力，通过纯粹心灵产生的道德法则可以检验实际行动的正当性，即如果不是由理性规范所进行的实践，那么在整体上就与理性存在者相矛盾。这就是说，阿多诺在诠释关于作为理性的自律时，强调康德的"自然"概念的二重性，并认识到康德在这里没有把理性事实和理性选择能力之间的先验性和经验性处理得更为清楚，而仅仅用给定性做出了一个断裂的处理。用阿多诺的话来说："一方面，我们所讨论的这种二元论对康德来说是不满意的；另一方面，按照康德的指点，这种二元论也不可能得到解决。"③

二　"纯粹心灵"的争论：不同的声音

与道德法则相关的"纯粹心灵"问题，主要体现在康德在《实践

① ［德］T. W. 阿多诺:《道德哲学的问题》，谢地坤、王彤译，谢地坤校，人民出版社2007年版，第114页。

② 同上书，第98页。

③ 同上书，第113页。

理性判断》第二章关于实践理性对象的善与恶的论述以及"纯粹判断力的范型"中。诠释者给出了不同的阐释与批评，这些批评凸显了阿多诺诠释"纯粹心灵"的独特性价值。

　　一方面，来自哲学家的经典反驳，黑格尔就是其中的代表之一，他从社会风俗的伦理角度说明道德问题，他认为，康德道德哲学就是"空洞形式主义"，"浓缩其精华，这种为人熟知的反驳就是，绝对命令，至少以其普遍规律的公式提出的绝对命令，不能提供特定义务由以得出的原则，甚或不能提出诸准则在道德上的正确性借以被检测的评判标准"①，只是抽象的、个人主义的、形式的，无法运用到社会实践中去。他的理由：一是先验给定的法则是康德理性内部给予的合法性，无论理论理性还是实践理性，这些内部的设计都是正当的、有效的。二是道德法则用在实际的行动中是没有矛盾可言的。但是从后者给出的法则来看，如果在一个准则只是给定的情况下，任何按照一个准则的行动都是没有问题的。比如说，战争时杀人只是服从于某个国家的国家利益。这样的反驳就说明了：道德法则在实际行动中，就要判断什么是符合理性的法则，什么是不符合理性的法则，那么理性就需要有一个选择的能力，这个选择能力是否是理性可以把握的呢？如果这个理性被归结于纯粹心灵，那么先验自由就跳出了自然因果性，实践自由就具有一种善的意志。但是这个善的意志怎么证明善是一个理性的东西呢？因为理性规定只是自由的能力而没有规定善的意涵，这种善的意志有可能就出于后天的培养和欲望的一种。举例而言，野人、婴儿对所谓恶的行径基本上没有任何的反应，只是因外部的响声影响了自己才会啼哭。康德在说明人时，尽管用理性去定义人性，但是这个理性没有说明一个具体的人对善的或恶的东西来源的完整界定。"黑格尔对康德式的道德性的批评，乃是一种抗议，这种抗议反对它把最高的价值（善的意志）定位于'纯粹性'的内在领域之中，此一领域原本是从行为和实践的实在的'客观'世界中分离出来的。"② 所以黑格尔的反驳说明了康德道德哲

---

　　① 亨利·E. 阿里森：《康德的自由理论》，陈虎平译，辽宁教育出版社2001年版，第276页。

　　② 同上书，第281页。

学中理性的形式性决定,说明了纯粹心灵是不是理性的,是一个心理学的问题,关涉到纯粹心灵来源于经验性的考问。

再者,来自伯纳德·威廉姆斯的反驳,他的主要论点在于无论是康德的道义论还是后果主义的道德性规定,在对行为者做出规定时,与行为者所处的实际条件之间存在着一种冲突,道德性的规定在行为者所处的条件下不是荒谬的就是毫无道理的。这些道德性的规定只具有相对的合理性而不具有先验给定性的地位。这种立场表明,行为者作为一个完整的人在所处的实际条件下是不会按照理性的规定去行动的,无非就是受到了道德性的"异化",它破坏了人的完整性。他认为,康德纯粹心灵在行为方面的考虑中,理性内部的认识与实践中对条件的沉思两者被混同在一起,因为康德只考虑到理性自由的运用。换言之,康德的纯粹心灵在实践中只在于道德法则的理性运用而不顾及实践的具体条件。尽管理性的道德法则在理性内部是正当的,但是行为本身可能会导致非道德的事实。这样,作为行为者来说,在理性的抽象性之下,人就被这种理性的形式异化了。他举了一个例子:落水中有自己的妻子还有其他人,如何选择救人?在选择救人的考虑中,行为者考虑的将会很多,救人是道德法则的首要考虑,并不是救自己的妻子是可允许的,显然道德法则的规定是第一位的。在实际生活中,这种思考方式给出的理由显然不符合实际情况。就如同因是朋友而尽义务去帮助,还是因出于道德法则的义务而帮助朋友,康德在这里违背了经验中的实际情况。这就打破了在现实条件下,一个人作为感性的存在者与一个理性的存在者的整体,道德性的规定把人只作为理性的存在,完全忽略了现实的后果。这两者的批判一是纯粹心灵的构建有可能存在经验的要素,二是纯粹心灵即使做出理性的规范要求,也是不符合现实经验的实际情况和道德的日常表现的。

另一方面,来自对康德的辩护,这鉴于黑格尔的批评:追求一个确定的目的就在于不是空洞地追求道德原则本身,必须是出于某种现实的目的而不是出于纯粹的道德法则的目的。康德主张,行动的展开不仅是出于对道德法则的义务而有可能是出于爱好与欲望,在这二者之间,理性是能够给出一个合理的说明的,对道德法则义务的行动显然是优先的。"伍德指出,黑格尔在这一论题上的观点应当根据他从内在理由的角度而不是从动因的角度分析行为的倾向来看待。依此之见，解释一个行为，就是提供一个理由，说明为什么行为者一如他或她所做的那样行动，而此一理由总是该行为所实现的某种意图或目标。"① 黑格尔认为，行为的动机与行为的目标必然具有利益关切的关系。阿里森认为，康德的理性行为能力概念或者关于理性义务的动因则是结合论，即动因是由道德法则和爱好与欲望产生的准则结合而产生的，"这一点意味着，除了由行为者选取一个基于该动机而行动的准则以外，动机（或动因）不具有任何因果效力。无论动机的来源是纯粹理性还是感性爱好，这一点都成立。而且，作为行为者实践自发性的一种表达，这种选取或结合的行动本身并不受因果关系的规定，因此，就我们受爱好推动而言，其原因正是在于，我们允许我们自身如此受到推动"②。这就表明，行为者采纳具有决定性原则的理由而行动，而不是以目的作为决定行动的理由。如果这样的行为所采取的准则成为原则，就具有了道德性。在选择行动原则之时就是理性规范发挥了作用，而不再是感性范围所能够介入的。相对于威廉姆斯的反驳，阿里森认为，威廉姆斯假定所有不是出于纯粹道德考虑而推动的行为，会受到因果关系的规定，"并且他还表达出对'本体的自我这个更为浮夸的形而上学的包袱'那种通常的不屑一顾的态度，但值得注意的是，他的确承认，康德和他本人之间深层论题涉及理性行为能力的本性"③。按照威廉姆斯的分析，康德的纯粹心灵就是一个抽象性的理性架构，在经验的具体条件下，实践的慎思与理性内部的决定二者存在着相混合的情形。这样，威廉姆斯不是把康德的纯粹心灵与理性的两个方面结合起来处理实际情况，而是将理性的决定与实践的慎思对立起来，而且有时候会混同起来。所以，康德理性内部的决定结构从具体的人中异化或分离出来，这在实际生活中是无法想象的。阿里森认为，威廉姆斯不能够进入康德哲学具体语境的"关切"（interest）中，"关切"在康德那里是对人的整体性考虑，康德区分了出于欲望而行动和出于关切而行动之间的不同。前者是自然的本性使

---

① 亨利·E. 阿里森：《康德的自由理论》，陈虎平译，辽宁教育出版社 2001 年版，第279—280 页。

② 同上书，第 284 页。

③ 同上书，第 289 页。

然，而后者则是人做出理性综合考虑之后自由能力的发挥。因此说，康德的道德性没有蔑视个人现实与深层的自我关注，相反，这种道德性敞开了道德考虑的所有可能性并与他人的权利和情感保持统一，这就产生了行为者基于现实情况反思个人的自我关注，从而推动了行为。可见，康德的立场顾及了人的不完整性与对实际生活的关注，是基于这些关注去行动的。高蒂尔在《理性的统一:对康德的颠覆性重释》中，则是更为直接地为康德的理性统一性能力做了辩护，说明这个理性是能够统一欲望、爱好与道德法则并做出理性行动的，并不是像威廉姆斯所认为的那样两者会分离。"结合起来看，这些选择可能没有表达出个体理性行动者统一的欲望。能够把分离的欲望统一起来决定同样行为的可能性，并没有在欲望的概念或需求的概念中被给予。如果没有这个统一，正在进行的、立足于选择的理性行动就变得不可能。但是，由于这个统一并没有在行动者欲望中被给予，因此它就依赖于行动者意志的活动，就像关于对象的知识所需要的直观统一，依赖于行动者知性的活动。就像知识一样，行动所要求的理性活动是综合的，并且构成了而不是立足于经验，因此也是先天的。"① 罗尔斯的观点与高蒂尔大致相同，道德法则在这里是在理性统一性的条件下，具备了对经验中的实践慎思的优先性。"与纯粹实践理性相比，经验实践理性是不自由的。尽管它包括了合理的慎思原理，但是这些原理把整个嗜好全都当作是被给予的，并试着为我们的活动制定计划，以便以一种有序的方式满足我们的要求和需要。这种安排具体化了幸福的概念。有些嗜好或许完全地受到了压抑或清除;纵使如此，这仍然是为了保持一种比较美好的和平安康的生活。经验实践理性不具有判断特殊嗜好的独立立场。它监督着假言命令原理指导并服从于纯粹实践理性限制的嗜好的完成。"②

国内学者牟宗三的观点比较特殊③，通过对儒家传统的理解，评述

---

① 徐向东编:《实践理性》，浙江大学出版社 2011 年版，第 150 页。

② [美] 约翰·罗尔斯:《道德哲学史讲义》，张国清译，三联出版社 2003 年版，第384 页。

③ 牟宗三先生在这里把通常翻译为"纯粹实践判断范型"译为"纯粹实践判断力的符征"，并且对如此翻译给出了疏释 (见《牟宗三先生全集》 (15)，台北联经图书出版公司2002 年版，第 249、264 页)。

和解决了康德所隐含的问题。他首先认可康德对理性内部论述的合理
性，并叙述了这个难题："一自由底法则是要应用于行动的，而这些行
动是发生于感性世界中的事件，而就此而言，它们又属于物理的自
然。"① 他的解读在于，对"行动"而言，即是依从知识来源于自然的
法则，即纯粹理性的法则，又能够把道德法则作为自己的行动原则，行
动本身就能够连接自然法则和道德法则，这是理性的两个方面，并且是
一个统一的关系。但是，行动者的道德法则作为理性内部和理性法则在
实际行动中就不能完全成为道德的范型？"显然，行动之外延比知识对
象之外延为狭。我们只能说行动之自然法则为自由之法则之符征，而不
能无限制地说全部自然法则之范围是自由之法则之符征。但康德说符征
义并无限制。今欲极成此无限的说法，这将如何可能？"② 因为行动者
作为一个有理性的人按照理性的范型行动，无法全部顾及实践中的全部
条件。即是说，纯粹心灵只是在行动者理性内部所涉及的规范范型而没
有把实际中的具体情况完整地考虑到，把道德法则应用到实践中所碰到
的经验情况，就不再是道德法则能够完整规范的了。其次，他认为，作
为知识对象的自然有现象与物自身之分，这个自然对理性的人来说既是
对象，也具有物自身的性质。但是行动只是针对所把握的自然给予的对
象而采取的，那么行动就是因为现象而采取的，我们无法说明道德法则
的理性行动就具有物自身的性质。所以，纯粹心灵（良心）不能说明
是行动绝对的把握者。牟宗三认为，这是康德的一个谬误。他的处理在
于通过中国传统儒家思想来说明："首先，心外无物，心是无限的心；
即是无限的心，亦应生天生地，亦应由智的直觉。"③ 这里表明，心具
有物自身的性质，心通过坎陷让人具有了感性、知性就得到了现象。心
即是物自身又是对现象的把握，他把自然法则与道德法则连接起来，从
而给予道德法则一个物自身的性质，这样行动就直接上升到物自身性质
的道德法则，在源头上就是在一个具有物自身性质的心的里面。可以看
出，牟宗三从中国哲学的角度，阐发了纯粹心灵的性质具有自然世界的

---

① 牟宗三：《牟宗三先生全集》（15），台北联经图书出版公司 2002 年版，第 251 页。
② 同上书，第 260、262 页。
③ 同上书，第 262 页。

主宰作用,但这是否只是一种对这个"心"的先天给定,心外无物又是无物之物,从认识论的角度而言,没有感性的开始,也就没有知性的介入,这个"心"只能先天给定并赋予它一种特定的功能,这成了认识论的问题。

综上所述,可以看出中西学者的思想理路存在着巨大的差别,但这些争论是康德道义论在理论发展中所碰触到考问和演进,也说明了这个问题的重要性。阿多诺的诠释注重从现代心理学解释这个问题,并且批评了康德的设定。这种独特性和批判立场,足以说明阿多诺对康德道德哲学诠释的价值。不过,由于诠释的视角和风格的不同,尽管阿多诺对康德道德哲学的诠释是从整体的角度展开的,但对"德福相配"和"纯粹实践理性的二律背反"的详细论述没有涉及太多,也反映出阿多诺诠释的不足。

第六章　阿多诺道德哲学的实旨：否定的辩证法的意义

从文本角度来看，《否定的辩证法》是阿多诺思想最为重要的理论归结点，也是对《启蒙的辩证法》中启蒙理性变异寻求答案的反思之作。从关注社会的总体来看，《否定的辩证法》在于回答关于现代社会的"错误的生活"，并从理论根源上给出"正确的生活"的反思。为什么这么说？因为"'否定的辩证法'是个庞杂的理论体系，它涉及哲学的各个领域"①。尽管阿多诺否认用"形而上学"这个概念表达自己的辩证法思想，但否定的辩证法则是，从形而上学的维度去批判"同一性"的传统哲学，进一步通过理论的"折射"，祛除由市场交换原则所导致的社会同一性思维。换言之，阿多诺从形而上学的维度批判社会同一性的理论根基，改变工具理性的一个维度的思维逻辑，重新思考理性的社会价值，使社会生活走向"正确生活"的道德性状态。因此可以说，阿多诺的重要反思在于，从形而上学的维度思考社会道德性的建构，这是其道德哲学的形而上学维度的探寻。从道德哲学理论来看，阿多诺认为，康德的道德哲学是其思考一般道德哲学问题的"工具"，因此，诠释康德的道德哲学具有必要性。但是，阿多诺在诠释中发现，在康德道德哲学中，自由具有理论的可能性而无现实的可能性，实践的理性与本体的理性处于二元状态（现实经验理性与先验理性是同一个理性而又相互分离），纯粹心灵具有他律性等问题。这成为阿多诺关于道德哲学反思与建构的理论重点，那么，否定的辩证法就具有反思和批判

---

① 俞吾金、陈学明：《国外马克思主义哲学流派新编》上册，复旦大学出版社 2002 年版，第 167 页。

康德道德哲学的重要价值。

从形而上学的角度批判社会的同一性逻辑，和从道德哲学理论上反思康德道德哲学，这符合阿多诺作为批判理论家的价值诉求。"显然，阿多诺是反对资本主义物化现实的，因为这是否定的辩证法所致力反对的同一性逻辑的现实基础。可是，他却出人意料地反对传统西方马克思主义重新肯定的人本主义的异化逻辑。"① 所以，本章主旨在于，首先，理清否定的辩证法的核心思想，即从形而上学角度处理传统哲学"同一性"的问题，以此提取出否定的辩证法的特质，即"非同一性"和"绝对的否定"。其次，说明否定的辩证法对摒除社会同一性思维的有用性，和对"正确的生活"的道德性的意义，以及对批判和反思康德道德哲学的理论价值，从而彰显否定的辩证法是阿多诺道德哲学的"实旨"所在。

第一节　"非同一性"和"绝对的否定"：否定的辩证法的核心

辩证法是一个发展的、联系的、对立统一的理论体系，辩证法与形而上学在哲学上是一种对立关系。辩证法发源于古代，经黑格尔哲学发展并成为建构世界的普遍原则体系，后由于马克思的批判而得到进一步发展完善。形而上学作为哲学中的"第一哲学"来源于亚里士多德，其本质是柏拉图主义对于同一性的追寻，被认为是一种僵化的、停滞的世界观和方法论的理论体系。尽管二者之间针锋相对，但作为相对的两极都在同一个问题域内讨论问题，可以说，没有前者，后者就不会得到拯救；没有后者，前者就不会出现。

阿多诺以"否定的"辩证法赋予辩证法以特征，主要在于：一是区别以往的辩证法。二是强调用"否定"表明其辩证法的理论特征。学界一般基于辩证法特征讨论否定的辩证法的意义：作为一种辩证法理论的"否定的辩证法"；作为一种认识论的"否定的辩证法"；作为一种本体论的"否定的辩证法"和作为一种社会历史观的"否定的辩证法"。所以说，否定的辩证法可以作为一种世界观、一种认识论和方法

---

① 张一兵：《无调式的辩证想象》，生活·读书·新知三联书店 2001 年版，第 257 页。

论、一种本体论和一种社会历史观。因此，站在对"同一性"和形而上学批判的角度，黑格尔的辩证法体系既是阿多诺否定的辩证法的基础，也是其批判的对象，因此，明确阿多诺对黑格尔辩证法的定位，才能够总结否定的辩证法的核心思想。

一 黑格尔辩证法的"肯定的同一性"

黑格尔哲学对辩证法有着不可磨灭的贡献，"否定之否定"、"矛盾"等理论都是其哲学思想的重要体现。但是，在作为形而上学追寻"一"的过程中，黑格尔辩证法虽然对"一"进行辩证的否定，但从理论的整体性而言，还是一种柏拉图主义式的形而上学建构，最后达到的是一个肯定同一性的辩证法。马克思认为，黑格尔辩证法的秘密都在《精神现象学》中，它虽具有否定的和批判的外表，但辩证的一般运动形式则是非批判的内容，并具有抽象性和神秘性。这可以体现在两个方面：

一方面，黑格尔的辩证法在于概念物优先于非概念物，表现出同一性特征。形而上学的重要内容是用概念物来把握非概念物并同一于自身之中。那么，概念性的与非概念性的区别在于："概念性意味着永恒不变的、本质性的、抽象的和普遍性的领域，而与此相对的则是流变的、现象的、感性的和特殊的领域。这种划分至少从巴门尼德和赫拉克利特那里就形成了。"① 可见，概念性把握非概念性已经成为形而上学既有的同一性框架。黑格尔哲学建构了强大的概念体系，同时也同一于自身的辩证法之中。黑格尔曾言："概念集前次一切范畴之大成，并予以扬弃而包含之。""概念的进展既不是过渡，也不是反映他物，而是发展。因为，在概念中，差别直接地同时被建立为彼此同一并与全体同一，而概念的规定性是整个概念的自由的存在。"② 即以自身辩证的规定性使概念规定着非概念的东西，从而概念把所有属于自在之物的他者规定到自身这一个体系中来。也可言："但没有任何东西仅仅是其所是；没有一种规定性能穷尽它，并且在这一意义上，从某一个规定性来看，它也

---

① 谢永康：《形而上学的批判与拯救》，江苏人民出版社 2008 年版，第 36 页。
② 转引自周礼全《黑格尔的辩证逻辑》，中国社会科学出版社 1987 年版，第 50 页。

总是偏离它自身。从而也可能有许多不同的事物,它们在自身的差异性中被规定为(Dasselle)。就某一规定性看来,它们中的任一个都多于其所是。这正构成了差异性,但这差异性只有在那同一化和同化的规定性上才显现其轮廓。"① 从而概念就把差异性和丰富性变为一个概念体系下的不存在之物,只有概念的才是存在的、可把握的,但自在之物的"是其所是"同一化于"一",自在之物变为一个概念的可把握之物,不在概念之下的则变为不具有影响和意义之物。因为自在之物被认为是一个概念下所存在的东西,在概念的体系里,自在之物就消失了。概念得以把握存在的东西,成为规定性之下的本质性内容。就概念自身的规定性而言,概念不再考虑其他的规定性范围。因此,在概念的同一性之下,同一性表现出肯定的意义并统治着自在之物的领域:"一个征服的历史,一个存在于'自身'之中的历史,一个得益于他者之消逝的历史。准确的说,它的意义就是这个历史;没有这个历史,就没有被人们理解为同一性的成果;没有这个历史,没有它的思想生成之深度,就没有'同一性'一词所表明的东西。"②

另一方面,黑格尔的辩证法具有肯定性的维度。洛维特认为,黑格尔的辩证法是一种具有基督教性质的逻各斯,最后肯定于具有自我绝对意义的意识之中。"当黑格尔让永恒的东西出现在暂时的东西中的时候,他并不以形式的辩证法为基础,而是以一种丰富的基督教逻各斯形而上学为基础。他的哲学如克洛纳也发现的那样,自身包含着基督教的对'万物终结'的意识,因为黑格尔完全是在基督历史地出现的绝对意义的意识中思维的。"③ 自我意识把自在之物的中西差别给予同一化,而无论认识的形式。在经过肯定、否定、否定之否定的螺旋式上升之后,最后还是在辩证的同一化中同一于自我意识之中,从而变为了可把握的、可确定的主体的内容。那么,黑格尔就认为,"这结果是理性的东西,虽说只是思想的、抽象的东西,但同时也是具体的东西,因为它

---

① [德]君特·费伽尔:《论非同一物——阿多诺的辩证法》,谢永康译,《求是学刊》2009 年第 1 期。

② 同上。

③ [德]卡尔·洛维特:《从黑格尔到尼采》,李秋零译,生活·读书·新知三联书店2006 年版,第 171 页。

并不是简单的形式的统一，而是有差别的规定的统一。"① 对于黑格尔来说，从外在世界中寻求的就是自我意识中需要的东西，在得到自身需要的东西之后，就把得到的东西包容在自我意识中，从而达到了意识的一种肯定性的东西，也消灭了外在之物的他者性。

黑格尔又言，意识作为自我意识具有两个对象："一个是直接的感觉和知觉的对象，这对象从自我意识看来，带有否定的特性的标志，另一个就是意识自身，它之所以是一个真实的本质，首先就只在于有第一个对象和它相对立。自我意识在这里被表明为一种运动，在这个运动中它和它的对象的对立被扬弃了，而它和它自身的等同性或统一性建立起来了。"② 这种等同性的建立对于自我意识是至关重要的，它构建了一个自我意识的实体性体系，同样，这个体系在本体论上是一个具有肯定性的实体。"但是黑格尔把这种因果关系必然性等同于所有主体的本体论处境。那些主体必然消灭某个外在实体的他者性。而一旦我们把总体的圆满作为目标来接受，那么这个等同是正确的，因为假如这反过来是依赖于陌生的现实的，那么我们还不能说在我的实体存在中真正达到了自由自在。"③ 但是，通过这个自我意识的运动形式，外在的他者虽然没有达到完全把握但已经在形式的统一中进行把握了。"辩证法具有肯定的结果，因为它有确定的内容，或因为它的真实结果不是空的、抽象的虚无。"④ 可见，在黑格尔的辩证法中隐含了一种肯定性的等同，并成了绝对的理念或大全。

从而可言黑格尔的辩证法是一个肯定性的辩证法，虽然把同一性与非同一性作为消除矛盾的逻辑动因，但矛盾被更高层面的逻辑同一所排除，非同一性在同一性中被同一化，这个矛盾的辩证法最终停滞下来，矛盾彻底消失并变为肯定的东西。马克思对黑格尔的辩证法进行了批判，并从运动的和否定的方面重新强调辩证法的性质："辩证法在对现

---

① 〔德〕黑格尔：《逻辑学》上卷，贺麟译，商务印书馆 1966 年版，第 181—182 页。

② 〔德〕黑格尔：《精神现象学》上卷，贺麟、王玖兴译，商务印书馆 1979 年版，第 117 页。

③ 〔加〕查尔斯·泰勒：《黑格尔》，张国清、朱进东译，译林出版社 2002 年版，第 230 页。

④ 〔德〕黑格尔：《逻辑学》上卷，贺麟译，商务印书馆 1966 年版，第 17 页。

存事物的肯定理解中同时包含着否定的理解，即对现存事物的必然灭亡的理解；它对每一种既成的形式都是从不断的运动中，因而，也是从它的暂时性方面去理解；辩证法不崇拜任何东西，按其本事来说，它是批判的和革命的。"① 总之，辩证法的性质在于具有一种批判性的本质，它是对事物的否定的、批判的和革命的理解，并加入自我的反思与批判。

二　否定的辩证法："否定的非同一性"

阿多诺否定的辩证法在于，对传统形而上学的同一性尤其是黑格尔的辩证法同一性和肯定性进行批判，也是对马克思辩证法的继承。辩证法不应是黑格尔辩证法所构建的那样，既是一个同一性和肯定的体系，又是一个教条的同一性逻辑。他这样批评黑格尔："在历史的角度，哲学真正感兴趣的东西是黑格尔按照传统而表现出的他不感兴趣的东西——非概念性、个别性和特殊性。自柏拉图以来，这些东西总被当作暂时的和无意义的东西而打发掉，黑格尔称其为'惰性的实存'。构成哲学主题的是质，在定额上它把质贬低为可忽略不计的量。对概念来说非常紧迫的，但它又达不到的东西是它的抽象论的机械论排除掉的东西，即尚未成为概念实例的东西。"② 同时，他认为，马克思的辩证法在于批判性和革命性，但传统马克思主义的辩证法都已经退化成一种辩证法的教条。"随着辩证法的唯心主义形式成为一种文化财富，它的非唯心主义形式却退化成一种教条。"这里要着重强调的是，不但是理论本身的继承，还在于对共有的关于现实社会同一性思维逻辑的批判，二者之间具有共同的社会认识的基础。可见，阿多诺是从批判传统马克思主义的教条主义和注重黑格尔辩证法中的非概念性和非同一性、绝对的否定、个别性和差异性入手，重新找回辩证法批判性和否定性价值的。

（一）　对概念同一性的批驳

阿多诺否定的辩证法直指传统的形而上学一直到黑格尔的辩证法思

---

① 《马克思恩格斯选集》，第 2 卷，人民出版社 1972 年版，第 218 页。
② ［德］阿多尔诺：《否定的辩证法》，张峰译，重庆出版社 1993 年版，第 6 页。

想都是一种同一性的逻辑架构。传统的形而上学用概念定义非概念物的存在，从而确立主体与客体，并说明主体相对于客体具有优先性。而阿多诺认为，主体与客体关系的确立说明了形而上学中主体对客体的同一，而辩证法不应当是这样的，它不应设定概念与非概念物之间的决定关系，"但这种辩证法是不能再与黑格尔和好的。它的运动不是倾向于每一客体和其概念之间的差异中的同一性，而是怀疑一切同一性；它的逻辑是一种瓦解的逻辑：瓦解认识主体首先直接面对着概念的、准备好的和对象化的形式"①。那么，否定的辩证法在于解除概念的强制，重视非概念物。阿多诺认为："实际上，一切概念甚至哲学的概念都涉及非概念物。因为概念本身是现实的因素，现实首先为了支配自然而需要概念的形态。对沉思概念的人来说，概念表面上来自内部——它的领域的优势，除此便什么也不能认识——但不应误解为是自在的。自在的存在这种外表给了概念一种动机，使它免除套在它身上的现实性。"② 形而上学的本质在于概念的解释和理清，那么非概念物就被概念的东西所吸收和包含了。

"辩证法是思维向它的概念性的拟古主义提出的一种抗议。"③ 这种反对概念的观点，本身在于一个基本的观点，就是"非同一性"的理论。非同一性理论在于概念本身不能把非概念物的存在所穷尽，因为概念只能够表现出普遍意识的认同，而无法表现出个别性、特殊性和差异性。阿多诺表明："尽管人们一直存有怀疑，但还是深信哲学最终能解决它——概念能超越概念、预备性的和包括性的因素，因而能达到非概念之物——这是哲学的一个不可分割的特点，是使它苦恼的朴素的东西。……但概念超出它们的抽象范围而包含的任何真理不能有别的舞台，只能是概念压制、轻视、无视的东西。认识的乌托邦是把非概念与概念拆散，不使非概念成为概念的对等物。"④ 再者，概念是一种固化后把握存在的界定，而非概念物则处在一个运动状态之中，从而概念的不变性、抽象性难以把握非概念物的状态："概念的内在要求是它想始

---

① ［德］阿多尔诺：《否定的辩证法》，张峰译，重庆出版社1993年版，第142页。
② 同上书，第10页。
③ 同上书，第151页。
④ 同上书，第8页。

终不变地建立秩序,并以这种不变性来反对它包含的东西的变化。概念的形式——在这一方面也是'虚假的'——会否认这种变化。……概念本身先于任何内容并使自身的形式实在化以反对内容。然而,这样一来,概念就把同一性原则实在化了:思维实践纯粹假定的东西是自在的事实、坚实的和持续的事实。统一性思想靠概念的逻辑同一化而客观化。"① 可见,只有具有非同一性的观点,非概念物的内容才能够在辩证法的认识逻辑中得以显现,而不仅仅是概念固化非概念物的一种形式和内容。因此,辩证法就是对非同一性的一贯认识。

但在阿多诺看来,概念也是不可抛弃的,必须借助概念才能对非概念物有所把握,因此他导入一个新的哲学概念"星丛"。"星丛"本不是一个哲学术语而是天文学的概念,阿多诺的用意是,哲学中的概念把握如同天上星星一样是松散的一片,但每个星星都有自己的独立并不是隶属与统治的关系而是相互存在的关系。"统一的要素之所以生存,不是靠从概念到更一般的总括性概念的一步步推进,而是因为概念进入了一个星丛。这个星丛阐明了客体的特定性,这种特定性对一种分类方法来说既不是一件无关紧要的事情,也不是一种负担。"② 因而,"星丛"表现出不再是控制与隶属的体系而是一幅图像,在认识与把握之间表现出一种模仿的关系,但已经考虑到他者的优先性。可见,阿多诺是在认识过程中引入"星丛"概念的,非概念物与概念总处于一种非同一性的状态。

(二) 绝对的否定

否定的辩证法对"否定"的强调,借用了黑格尔的哲学概念,那么,否定的辩证法就与黑格尔的辩证法不无关系,进一步讲是对黑格尔辩证法的"超越"。在阿多诺看来,黑格尔的辩证法关于"否定之否定"的认识过程,最后落到了一个肯定性维度。所以,必须纠正辩证法的实质,即一个绝对的否定过程,并且强调马克思辩证法的批判性和革命性就在于否定性。

否定的辩证法被称作"崩溃的逻辑"或"绝对的否定",这是辩证

---

① ［德］阿多尔诺:《否定的辩证法》,张峰译,重庆出版社 1993 年版,第 151 页。
② 同上书,第 159—160 页。

法对矛盾客观性的认识，而不是黑格尔辩证法中，通过肯定、否定和否定之否定之后达到的一个统一性的认识。就黑格尔辩证法而言，否定代表着对肯定的扬弃，但阿多诺认为，这是一种肯定性的否定，否定不够彻底，否定才是体现矛盾的客观性和辩证法的本质。"非同一物不像某种自身是肯定的东西那样可直接获得，也不是靠对否定之物的否定来获得。这种否定不像黑格尔所认为的那样就是一种确证。对黑格尔的思想来说，肯定之物是从否定中产生的……把否定之否定等同于肯定性是同一化的精髓，是带有最纯粹形式的形式原则。在黑格尔那里，在辩证法的最核心之处反辩证法的原则占了优势，即那种主要在代数上把负数乘负数当作正数的传统逻辑。……如果整体有魔法，如果它是否定的，那么对被概括在这个整体中的特殊之物的否定就仍然是否定的，它唯一的肯定方面是批判，即确定的否定，而不是突然转向的结果或幸运地被自我的确证。"① 这样，不再拘泥于同一性的形式，才能够达到非同一性的要求。自在之物才能够处于不断的运动中进行把握和认识，"非同一物在从同一性与其对立的他者的否定运动之中展露出来；它是对处于这一运动中的同一性的打破。相应的，他者并不是运动的目标。尽管它达到同一性的深处，并且发现，某种就其本质而言是确定的东西，在其表面下却多于其自身的所是"②。可以看出，否定的辩证法在于从否定的角度对同一性进行处理，在认识中，"肯定"不是作为自在之物的形式，而应该建立在一种"否定"的基础之上，在过程中把握自在之物的东西，充分看到自在之物的丰富性和特殊性，从而在自在之物与认识过程之间的张力中把握认识的内容。"被否定的东西直到消失都是否定的，这是和黑格尔的彻底决裂。用同一性来平息辩证矛盾、平息不能解决的非同一性的表现就是忽视辩证矛盾所意指的东西。这是纯粹推论思维的复归。"③

因此，阿多诺否定的辩证法与黑格尔肯定的辩证法做了较为彻底的决裂，彰显了否定的辩证法是一种"绝对的否定"的特征。阿多诺

① ［德］阿多尔诺：《否定的辩证法》，张峰译，重庆出版社 1993 年版，第 156 页。

② ［德］君特·费伽尔：《论非同一物——阿多诺的辩证法》，谢永康译，《求是学刊》，2009 年第 1 期。

③ ［德］阿多尔诺：《否定的辩证法》，张峰译，重庆出版社 1993 年版，第 157 页。

"绝对的否定"思想虽源于黑格尔的"肯定的否定",但他已经超出了黑格尔辩证法的"底线",并把非同一物看作事物的本质。"换言之,黑格尔辩证法中的否定概念直接地服从于形而上学公开的目的,而对于阿多诺而言,辩证的否定本质上乃是对这个目的的批判。"①

（三）主体与客体

从主体与客体的关系来看,虽然阿多诺阐明自己没有本体论的建构思维,但他建立了一个关于主体与客体的本体思想。尽管否定的辩证法主旨在于"非同一性",无论是"星丛"还是模仿,但主体必须以客体为认识对象,客体必须有主体才能够显现它的存在。阿多诺界定的主体和客体的关系也不存在分离,"主体和客体的两极性可以表现为一切辩证法都在其中发生的非辩证结构,但这两个概念是作为结果而产生的反思范畴,是表示一种不可调和式的公式。它们不是肯定的、原始的事实陈述,而是彻底否定的且只表达非同一性。即使这样,主体和客体之间的差别还是不能被简单地否定。它们既不是一种终极的二元性,也不是一道掩盖终极同一性的屏幕。二者之间互相构成,就像它们由于这种构成而相互分离一样"②。那么,就思维与存在而言,阿多诺是怎样处理主体与客体之间关系的呢?

在否定的辩证法看来,本质与现象、概念与非概念物的中介不再是形而上学的模式:"客体中的主观性因素。"③ 即"把事实中介起来的东西与其说是预先形成并理解事实的主观机制,不如说是与主体相异质的客观性,是隐藏在主体可以经验之物背后的客观性。这种客观性拒绝委身于原始的、主观的经验领域。对于这个领域来说,这种客观性是被预先规定的。"④ 可见,就客体不能脱离主体而言,阿多诺给出了一个新的中介范畴,即客体的中介,"客体不是静止的、教条主义地被实体

---

① 谢永康:《形而上学的批判与拯救》,江苏人民出版社 2008 年版,第 121 页。
② ［德］阿多尔诺:《否定的辩证法》,张峰译,重庆出版社 1993 年版,第 172 页。
③ 同上书,第 168 页。
④ 同上。

化，而是指只有与主观性联系在一起时才能被认识"①。就主体脱离不了客体而言，"主体可能有力量塑造直接性；但就直接所与的事物是绝对存在的而言，主体没有这种力量。像对它的占有一样，直接的材料是客观性学说所依赖的基本事实——它是一种客观物抵抗的形式，实际上是主体中的客观性的不祥之兆"②。所以说，客体的中介是把主体和客体真实地和虚假地放在一起。《主体与客体》说明了这种相互的存在，"主体与客体的分离既是真实的又是虚假的。说是真实的，因为这两种分离在认识领域表现出实在的分离，表现出人的状况的二分法，表现出一种强制的发展。说是虚假的，因为这种逐渐形成的分离不能看成是实体化的，不能神奇地把它变成一成不变的东西。……虽然不能把主体和客体看作是分离的，但是这种分离的假象还是在它们的相互中介中表现出来——主体中介客体，更多地以不同的方式表现为客体中介主体。分离一旦未经中介而直接地得到确认，就成了意识形态，这才是它的常规形式"③。因此说，阿多诺由于对非同一性的推崇，构建了主体与客体之间新的中介关系，既强调了客体的优先性又说明了主体的首要性，从而保证了本体论上主体与客体的不可分离性。

第二节　形而上学的"折射"：对社会生活道德性的意义

阿多诺为什么要对传统形而上学进行批判，并强调辩证法的批判本质和对"非同一性"的推崇？其原因在于，以交换原则为同一性的社会思维逻辑统治着社会生活的各个方面，以致个体在社会中失去了个性、情感和追求多元价值的本质。从理论层面来看，人的理性思维变异为工具理性的宰制，从而否定的辩证法的目的就是从形而上学的角度拯救社会的同一性及造成社会的无道德性。

尽管否定的辩证法是关于形而上学场域的理论，它强调了绝对的否

---

① 转引自俞吾金、陈学明《国外马克思主义哲学流派新编》上册，复旦大学出版社2002年版，第172页。

② ［德］阿多尔诺：《否定的辩证法》，张峰译，重庆出版社1993年版，第184页。

③ 上海社会科学院哲学研究所外国哲学研究所编：《法兰克福学派论著选辑》上卷，商务印书馆1998年版，第209页。

定、非概念物的重要性以及客体的中介,但阿多诺的目的是要说明"否定的辩证法"思维在现实社会中的意义,即批判现实社会被作为同一性交换原则统治和寻求社会道德性。正如他对否定的辩证法意义的说明:"辩证法可以毫无教条地从外部破除同一化的符咒,从而和一种所谓的唯心主义的命题形成对照。……这种同一化的思维在畏惧中使自然的奴役长存下去,这种思维使每一种不等同的事物相等同。……因此,理性是病态的,只有得到治愈才是合理的。"① 我们看到,尽管阿多诺从形而上学的角度阐述"非同一性"的意义,而其实际目的在于社会实践领域的展开。这主要体现在以下几个方面:

其一,从主体和客体的关系来看,阿多诺认为,主客体之间的关系不是主体决定客体,也不是基于客体因果决定论控制主体,更不是抛弃主客之间的关系,即不是强调主体的自我存在与世界存在着一个相等的关系,而是通过客观性中介,主体是认识的存在,客体是受主体认识形式限制之内的客体,认识形式可以接受外在世界的改变,主体在认知客体时展现出开放性,同时客体是主体认识的来源。正如一位学者所言:"这种理论就是阿多诺自己的非同一性哲学,它谋求的是主体与客体之间的非统治性关系,是人与外界彼此和谐的相互分享关系。而要达到这样一种关系,前提是尊重他在性,赋予自我的他者以自由,摆脱同一性对非同一性的约束和统治。"② 显然,这是把个体的人与现存的社会作为主体和客体来看待,在现实社会实践中,个体就不能屈从于现实社会交换原则同一性的压迫,而反思作为客体的现实社会具有其他的可能性存在。换言之,现实社会的合理性对个体而言,一方面,不能仅仅满足于强调同一性的社会思维逻辑,而应该反思社会同一性思维背后的不合理性,并重新定位社会存在的内容。所以,"由此可以推测,阿多诺经常提及的'交换社会'的论断,正是没有什么是应该留在外部的,没有什么价值应该抵制与交换价值的可通约性。由于没有什么应该留在思想的外部,使得思想无法看到对其自身的自我充分性的限制,这种没有什么应该未经社会化而保留的观点,传达了一种社会本身无法被理解的

---

① [德]阿多尔诺:《否定的辩证法》,张峰译,重庆出版社1993年版,第170页。
② 鲁路:《阿多诺非同一性观念对统治的批判》,《马克思主义与现实》2011年第2期。

超验性的原因因素的观点"①。既然社会变为现实存在的事实，必须正视但不能屈从，应进一步寻求现存社会的正当性或"正确的生活"。正如阿多诺所言"社会总之是可以理解的，又是不可以理解的"②，而是要寻找社会同一性思维产生的根源和开拓下一步的目标。因此，同一性的社会思维必须用非同一性思维去冲破。

就作为主体的人而言，用非同一性的思维来改变固化的意识形态，认识到客体的现实社会具有存在优先性，但并不认同现实社会既有的正当性和合理性，应进一步从人的存在与社会关系出发，实现人的社会本质追求，即人的自由与解放。可以看到，阿多诺之所以被认为是批判理论者，是因为他对马克思的继承③，马克思强调批判资本主义社会的实质是以交换为原则的资本统治，即劳动分工的合理化秩序和强制性组织的正当化。其意义就是，社会现实限制了个体的人的自由与解放，必须进一步强调非同一性的反抗。"阿多诺追随马克思，强调非同一性的使用价值不应当为交换价值彻底同一化，也就是抗拒交换价值对使用价值的殖民化，抗拒同一性在生产领域、社会领域对非同一性的统治。"④因此，作为主体的人与作为客体的社会必须处在非同一性的社会关系中，使使用价值在社会存在中优先于交换价值，并充分发挥个体自由以挖掘社会的丰富性，从而找到更为正当的生活状态，以使社会生活具有道德性。

其二，从绝对的否定来看，否定的辩证法强调否定的、批判的作用。辩证的思维是："辩证地看，非同一性的认识还在于它的同一恰恰不单是、而且是不同于同一性思维的。非同一性的认识想说出某物是什么，而同一性思维则是说某物归在什么之下、例示或表现出什么以及本身是什么。同一性思维越是无情地围攻它的对象，它偏离它的对象的同

---

① 陈燕：《一种思辨的理论：阿多诺的社会观》，《浙江学刊》2010 年第 3 期。

② 转引自陈燕《一种思辨的理论：阿多诺的社会观》，《浙江学刊》2010 年第 3 期。

③ "在逻辑上说，主体与客体的关系首先是实践的，然后才是理论的。理论作为一种抽象活动，与对象的作用是间接的，直接接触到对象的是实践。而它对客体的认识之所以可能，就在于理论的对象属于一个已然中介了的世界。马克思的这一基本观点，在霍克海默和阿多诺的批判理论中是被接受了的。"（可参阅谢永康《形而上学的批判与拯救》，江苏人民出版社 2008 年版，第 180 页）

④ 鲁路：《阿多诺非同一性观念对统治的批判》，《马克思主义与现实》2011 年第 2 期。

一性也就越远。在它的批判下，同一性并没有消失，而是经历了一场质的变化。客体与其思想的亲和性因素生存在同一性之中。"① 可见，辩证思维表现出否定的、批判的意义，它使自我变化和自我形成的事物之间保持着一种相对的张力，既遵循了事物的发展变化，也使自我与事物之间保持一种有效的把握。"它表露出内在与外在的差别，即事物的差异性与统一性内在地相得益彰，事物与概念外在地相得益彰，显示出彼此限定之物的均衡关系与不均衡关系，显示出断裂性与同一性，即差异物的断裂性及自身表面上的纯同一性之间的彼此中介。澄清彼此差异之物的中介方式，描述显而易见之事，揭示无意识之物、未经理喻之物、在运动中僵化之物、遮蔽于直接显现出来的存在之中的中介过程，这些就是辩证性批判。"②

就现实社会而言，个体不能够盲目地隶属于社会同一性的思维逻辑，一旦认同思考生活形式的唯一性，就陷入了同一性思维的合理性秩序之中，而不再把现实社会的思维看作一种形式。在实际生活过程中，商品化和资本的殖民化极力消除非同一性思维，并以此造就"社会生活本身"的意义和追求。这样就出现了"奥斯维辛之后，不再写诗"的状况，阿多诺认为，"在奥斯维辛集中营之后，我们的感情反对任何关于实存具有空谈、虐待牺牲品的肯定性的说法，我们的感情反对从牺牲品的命运中榨出任何一种完全被耗尽的意义"③。从而"这种构想证实了绝对的否定性而且有助于它的意识形态的生存——实际上，在现存社会原则中这种否定性一直生存着，直到这社会自我毁灭"④。因此，个体只有用否定的辩证思维或绝对的否定，以时刻保持一种否定的态度去面对生活，才能把握自己生活的丰富性与意义。在绝对的否定之下，"社会是否允许个人像它所许诺的那样自由；因为，社会本身是否像它所许诺的那样自由。个人暂时地赫然耸立在盲目的社会关系之上，但在

---

① 〔德〕阿多尔诺:《否定的辩证法》，张峰译，重庆出版社 1993 年版，第 146 页。

② 〔德〕格·施威蓬豪依塞尔等:《多元视角与社会批判——今日批判理论》上卷，人民出版社 2010 年版，第 180 页。

③ 〔德〕阿多尔诺:《否定的辩证法》，张峰译，重庆出版社 1993 年版，第 362 页。

④ 同上。

他的闭塞的孤独中，个人只能更有助于再生这种社会关系"①。因此，阿多诺从否定的角度给出了寻求社会非同一性的认知与实践的可能性，个体和社会对达到正确生活保持了一定的可能性，打破了同一性思维对社会生活的宰制。

其三，从矛盾的客观性来看，阿多诺认为："辩证的矛盾既不是一种呆板的概念形态对事物的纯粹投射，也不是一种胡作非为的形而上学。"② 现实社会与个体的人之间总是处在矛盾之中，只有正视这种必然性的存在才能有效地进行社会实践。阿多诺的理论拒绝本体并且是反体系的，这便承认了矛盾存在的客观性。正如他所言："这种矛盾并不是主观的思维缺陷。特别是对于那种在今天就像在黑格尔时代一样兴盛的反思哲学来说，辩证法恼人的方面就是客观的矛盾性。这种客观的矛盾性是和绝对有效的逻辑不相容的，是要被判断的形式一致性清除的。……然而，客观的矛盾性并不只是标志着在我们的判断之外仍存在的存在物，它标志着在被判断的东西之中的某种东西。"③ 从现实社会来看，个体要承认自己的生存自由，而不能被社会观念所统治。人们在现存社会中，应正确地认识到现实社会已经被商品的交换原则所同一，并且面临着生产力发展所带给人的生存压力。但是，人的主观意识不能是消极的和绝望的，而是要协调人与社会之间的客观性矛盾，"靠个人自身、靠概念自身，个人不可能消除客观的矛盾及其放射物，他只能理解它，别的任何事情都是无用的抗争"④。因此说，阿多诺承认矛盾的客观性正是给人的实践以正确的指导，在现存社会的前提下，去寻求实践的意义。

因此，阿多诺否定的辩证法关于"非同一性"、"绝对的否定"和矛盾客观性的强调，目的是从理论上冲破传统形而上学"同一性"的桎梏，以致在现实社会实践上，破除个体被社会同一性思维的统治，从而对"正确的生活"给出相对合理的认识方法和实践策略，不仅在理论上而且在实践上具有相通性意义。

---

①　[德] 阿多尔诺：《否定的辩证法》，张峰译，重庆出版社1993年版，第215页。
②　同上书，第149页。
③　同上。
④　同上书，第150页。

第三节　形而上学的"意蕴"：对康德道义论的意义

从道德哲学理论来看，阿多诺思考道德问题以康德道德哲学为工具，并拒斥功利主义伦理学。通过诠释康德道德哲学中的"自由观念"和"道德法则"，阿多诺看到了康德道义论的诸多不足。否定的辩证法是阿多诺思想的重要总结，它是关于形而上学的理论探讨，并处在其思想理论最抽象和"最本源"的地位。所以，通过否定的辩证法的形而上学"意蕴"，进一步考察他对康德道德哲学中相关问题的论述，则能彰显阿多诺道德哲学的"实旨"。

阿多诺在诠释康德道德哲学时，评价了理性的二元性、理论与实践二分和纯粹心灵的他律性等问题。那么，通过否定的辩证法所蕴含的重要思想，进一步反思其对康德道德哲学中相关问题的意义，不仅有利于康德道德哲学理论的递进，也具有反思道德哲学的价值。有学者认为："阿多诺清醒地看到，康德道德哲学已经深刻地意识到了资产阶级意识形态的内在矛盾。他的哲学逻辑二元性实际上折射了资本主义社会现实的二元性。所以在这个意义上，康德命题是一种'客观的二律背反'。"① 因此，把阿多诺否定的辩证法的重要思想植入对康德道义论的反思中，就能够彰显否定的辩证法的理论价值，也能够对康德道德哲学理论有所助益。

一　否定的辩证法对"纯粹心灵"他律性的意义

在康德道德哲学中，善良意志是纯粹心灵内部自觉的有效性表现，纯粹心灵以道德法则在其内部达到了一种正当性。但意志本身的来源却不能完全与之相符合，意志往往是来源于感性的欲望和爱好等的。阿多诺认为，尽管康德在纯粹心灵内设计出的意志是一种理性的抽象能力，并能够与道德法则的无上命令相连接，但是意志的来源是由现实的、经验性的条件激发出来的，"没有肉体的冲动，没有那些在想象中幸存的衰弱的冲动，意志就不成为意志。然而同时，意志又作为冲动的、集中

---

① 张一兵：《无调式的辩证想象》，生活·读书·新知三联书店 2001 年版，第 289 页。

的统一性，作为驯服冲动并潜在地否定冲动的权威而确定下来。这使得对意志作为辩证的规定成为必需的。正是这种意志力量能使意志离开它自己的领地去改变纯粹现存的东西。意志的突变是抵制。"① 所以从主体内部来看，关于康德意志的抽象性和先天性是可以理解的，并且意志在与道德法则相一致时也具有权威性。不过，纯粹心灵内部的合理性不能够反思社会本身或文明本身的问题，如果文明本身出现一种无道德性的趋势，意志与道德法则在纯粹心灵中的展现就是一种他律性的、恶的道德体系。"作为意志的合理性的恶的道德心，意志的不合理性成了扭曲和虚假的。一旦意志被认为是自我理解的，被免去了合理的反思，这种自我理解的特点就未被说明的残余和压制提供庇护。自我理解性是文明的标志：善是一种一成不变的东西，是同一的东西。不去遵奉善的东西，前逻辑的自然因素的任何遗产都将直接变为邪恶，变成像它的对立面的原则一样抽象的东西。"② 相对于一个主体而言，人在社会实践中同样会被一种内在的正确性所封闭，在内心之中就会造成单一的道德性，其实这只是一种相对合理性，却忽视了道德本身应当反思的内容。

一方面，否定的辩证法承认纯粹心灵是社会实践养成的产物。在实践过程中，人的主观意识就需要具有矛盾的意识和否定的态度。社会实践不是一成不变的过程，相应地，纯粹心灵的培育也是一个过程性的结果。因为文明的进步是基于两个向度的："进步有两个向度：回顾（我们已经走了多远）和前瞻（我们必须走向哪里）。一般进步观念具有至关重要的未来向度。"③ 所以不能按照一定的实践标准认识道德行为的正当性，"个体化原则、个人中的普遍理性与之紧密相联的特殊性法则致使个人脱离周围的关联，进而促使他们谄媚信任主体的光辉。在自由的名义下，个人的总体性同一切限制个体性的东西的总体性形成对照。然而，个体化原则决不是形而上学上终极的和不可改变的东西，因此它也不是自由。毋宁说，自由在双重意义上是一种因素：它是被纠缠着的，而不是孤立的；眼下它不过是自发性的一瞬间，一个历史的环节，

---

① ［德］阿多尔诺：《否定的辩证法》，张峰译，重庆出版社 1993 年版，第 238 页。
② 同上。
③ 转引自汪堂家《对"进步"概念的哲学审视——兼评建构主义的"进步"概念》，《复旦学报》2010 年第 1 期。

在现存条件下被堵塞了"①。虽然康德在道德哲学中体察到历史性和社会性的因素,但忽视了社会历史的层面,"然而,康德没有琢磨:自由本身——对他来说是一种永恒的观念——能否是历史的本质,不单是作为一个概念,而且是按照经验的内容。"② 即是说,作为理性实践架构的纯粹心灵,在形成过程中,由于环境的影响和历史的积淀,纯粹心灵按照道德法则去实践本身就是一种他律性的实践,并不仅是理性本身反思能力的体现。

另一方面,否定的辩证法承认实践的个体与纯粹心灵是一种矛盾状态。从纯粹心灵的内部机制来看,人的实践就是按照道德法则的行动,如果不是道德法则所发出的命令,实践就不能称之为人的实践或人的行动无道德性可言。康德认为,这是必须一致的,要不然则无法成就人的特征,也不可能达到目的王国。"纯粹知性世界的观念,作为一个全体理智的整体,对合理的信仰来说,永远是个有用的可信的观念,因为我们有理性的东西,虽然同时是感觉世界的成员,自己也是理智的一分子。所以,虽然在这条边界上一切知识止步,但通过有理性的东西的自在目的的普遍王国这个光辉思想,却唤醒了我们对道德规律的衷心关切。我们只有小心谨慎地按照自由准则行事,就像遵循自然规律那样,才能成为这个王国的一员。"③ 由此可知,康德没有把现实与理念之间所存在的情况予以充分把握。从否定的辩证法来看,本体的目标与实践的内容之间是处于矛盾之中的,如果不承认这种矛盾的存在,那么纯粹心灵中的道德法则只是观念中的完成,而无法在实践中进行。正如阿多诺所言:"整个时代、整个社会不仅缺乏自由的概念,也缺乏自由的事情。把自由归之于作为一种客观的本体的东西(即使这东西对人是完全隐蔽的)是和康德的先验原则相冲突的——这种原则据说是在客观的意识中发现的——而且,如果在任何有生命的个人身上都缺乏自由的话,那么作为假定的意识,自由也是根本站不住脚的。因此,康德固执的努力或许是证明道德意识是一种到处都存在的东西,甚至存在于彻底

①　[德] 阿多尔诺:《否定的辩证法》,张峰译,重庆出版社 1993 年版,第 214 页。
②　同上书,第 213 页。
③　[德] 康德:《道德形而上学原理》,苗力田译,上海世纪出版集团 2005 年版,第 88—89 页。

邪恶的东西中。"① 因此说，否定的辩证法承认矛盾的客观性存在，说明了纯粹心灵具有一定的有效性，但只有通过实践的现实可能性才能够得以展现出来，仅仅付诸纯粹心灵将无法开启实践的行为。

最后，否定的辩证法给出一个中介的范畴，即客体的中介。在实践过程中，只像康德设定于纯粹心灵内部的目标那样，实践就无法展开。客体的中介承认主体的首要性地位，但客体是实践开始的前提，二者之间处于一个互动的关系中。主体在实践中修正自身的关切，客体则被主体的实践所改变，从而实践的过程就是一个主客体相互校正的过程。因此，阿多诺否定的辩证法承认康德纯粹心灵的重要性，更赋予其现实实践的意义。

二 否定的辩证法对"理性二元性"的意义

在康德哲学中，理性的二元性是理性的先验纯粹性和实践性。虽然康德的道德哲学建立在二者的"断裂地带"，但康德却难以消弭理性二元性的"苦恼"。阿多诺认为："由于康德不允许任何实践的运动，只允许理性，所以他依然处在褪色的理论的魔法左右之下：为反对这种理论，他设计了实践理性的第一性来作为补充。这就是他的整个道德哲学感到苦恼的东西。"② 可见，通过纯粹理性，作为主体的人可以具有先验自由的能力，但是从作为社会主体的人来看，人具有欲望和经验性的本质特征。由于这个原因，两种理性同源但又发生着冲突。

一方面，否定的辩证法基于主体和客体的关系判断出康德理性的二元性。先验是主体的特征，经验也是主体的经验，只有通过主体才能够实现实践的过程，那么，客体的介入就把主体的先验性否定了。"先验的主体作为意识形态的非常难以确定的两可状态开始接近真实。先验的一般性不是我的纯粹自恋的自我拔高，而是在那种靠等价原则而盛行不衰的统治中有它的现实性。……此外，自我坚固的、持续的、穿不透的方面模仿着对自觉意识来说的外部世界的穿不透性，如同原始意识所感

---

① ［德］阿多尔诺：《否定的辩证法》，张峰译，重庆出版社1993年版，第213页。
② 同上书，第215页。

知的那样。主体现实的软弱无能在它的精神的万能中得到了回响。这种自我原则效仿它的否定。"可见，主体理性中的冲突展现了先验理性与自我持存的理性在现实实践中的尴尬境地。否定的辩证法不允许主体的先验理性去统治经验的自我持存的理性。

另一方面，否定的辩证法从主体和客体的关系中消除了康德先验理性的统治。在康德哲学中，无论是自由意志，还是道德法则都是主体的先验的理性，所有经验的和感性的爱好、欲望统统都必须服从于先验理性的纠正。"先验主体性的建构是一种极其自相矛盾的和易误的努力，它力图在相反一极上来通知客体；但也正是在这方面，为实现那种肯定的、唯心的辩证法仅仅断言的东西而需要对这种建构进行批判。"① 而在实践中，主体是一个经验的主体，自我持存的理性面对客体的世界，只是一味强调主体强制的先验必然性，而忽视来自客体的必然性，那么理性肯定会发生矛盾。以否定的辩证法看，主体则不是把客体作为统治关系来处理，主体虽然具有先在性，但客体则具有优先性。主体的先验理性得到了认可，但一旦承认客体的优先性地位，那么主体的理性就会因客体的变化而发生一定的改变，但不是一种"质变"。因此，从实践的角度来看，主客体之间的关系，由于客体的优先性或首要性，主体的先验性就会回到客体上来。主体的人在自我持存的实践中，实践本身所造就的理性与自我的理性是同一个理性，应当不会发生冲突。所以说，否定的辩证法中主体与客体的关系，即客体的中介和主体的优先性，在一定程度上消弭了两种理性的冲突。

最后，否定的辩证法的非同一性否定了理性二元的理性体系。否定的辩证法的非同一性在于，打破这种理性的二元背后的理性体系。阿多诺认为，这个体系封闭了尤其是在实践哲学中自由意志只具有抽象的意义并在实践中分化了。"康德像他的后继者一样非常期望有一个体系。但支配性的统一性是理性概念本身，最终是纯粹无矛盾性的逻辑理性。在康德的实践学说中对这一点没有任何附加。在术语上显示的纯理论学说和纯实践学说的差别、形式逻辑学说和先验逻辑学说之间的差别、最

---

① ［德］阿多尔诺：《否定的辩证法》，张峰译，重庆出版社 1993 年版，第 182—183 页。

终狭义上的观念学说的差别等并不是自在理性内部的差别，而只是理性应用上的差别。理性要么被说成和客体没有任何关系，要么完完全全涉及客体，或者——像实践理性一样——它的对象，即自由行动是从自身创造出来的。"① 因为非同一性承认矛盾的必然性和辩证的思维，康德所认为的哪里有矛盾哪里就有谬误就不再成立，自然在非同一性的辩证法中得以消除。

综上而言，阿多诺否定的辩证法对康德道德哲学是一种反思，通过形而上学的"意蕴"对康德具体问题和整体问题达到了一定的超越。不过，否定的辩证法是形而上学的视域，不能够完全代表道德哲学的问题。阿多诺道德哲学的实旨是基于康德道德哲学谈论一般道德哲学的，但不能替代康德道德哲学作为探讨道德哲学的"工具性"价值。阿多诺道德哲学就是在这种诠释与超越中寻求道德的最低限度，一位学者认为："阿多诺的乌托邦思想反映了他对康德思想的继承，而这种继承尤其反映在阿多诺的道德哲学中，同时阿多诺的非同一性观念为他的道德哲学置入了否定性辩证法因素。这种否定性辩证法因素意味着，不可以肯定性地确定何为人的道德本质，因为这样一种本质是从同一性概念出发的。……所以在阿多诺那里，同一性伦理观念与非同一性道德情感呈现出一种矛盾关系，这种矛盾关系确定了他的二元论道德哲学。"② 阿多诺道德哲学呈现出一种二元论形式，既认为道德客观性的存在，又认为客观性道德具有他律性，还认可道德情感是道德进步的标志。尤其是，在对奥斯维辛悲剧的态度上，他对道德情感重要性的态度与对客观性道德的态度是一样的。同样，在回到"正确的生活"中，阿多诺表现出既承认现代道德哲学的理性规约，又对个体过什么样的生活加以努力寻求，表现出德性伦理的诉求，但其整体思想是一种对现代社会道德性反思的态度。

---

① ［德］阿多尔诺：《否定的辩证法》，张峰译，重庆出版社 1993 年版，第 230 页。
② 鲁路：《阿多诺非同一性观念对统治的批判》，《马克思主义与现实》2011 年第 2 期。

参考文献

［德］马克斯·霍克海默、西奥多·阿道尔诺：《启蒙的辩证法》，渠敬东、曹卫东译，上海世纪出版集团 2006 年版。

［德］阿多尔诺：《否定的辩证法》，张峰译，重庆出版社 1993 年版。

［德］T. M. 阿多诺：《道德哲学的问题》，谢地坤、王彤译、谢地坤校，人民出版社 2007 年版。

《法兰克福学派论著选辑》，上海社会科学院哲学研究所、外国哲学研究室编译，商务印书馆 1998 年版。

［美］马丁·杰：《阿多诺》，瞿铁鹏、张赛美译，张晓明校，中国社会科学出版社 1992 年版。

［德］格尔哈特·施威蓬豪依塞尔：《阿多诺》，鲁路译，中国人民大学出版社 2008 年版。

［美］马丁·杰：《法兰克福学派史》，单世联译，广东人民出版社 1996 年版。

［日］细见和之：《阿多诺非同一性哲学》，谢海静、李浩原译，卞崇道校，河北教育出版社 2002 年版。

［德］阿梅龙、［德］狄安涅、刘森林主编：《法兰克福学派在中国》，社会科学文献出版社 2011 年版。

［德］格·施威蓬豪依塞尔等：《多元视角与社会批判——今日批判理论》上卷，人民出版社 2010 年版。

欧力同、张伟：《法兰克福学派研究》，重庆出版社 1990 年版。

张一兵：《无调式的辩证想象》，生活·读书·新知三联书店 2001 年版。

谢永康:《形而上学的批判与拯救》,江苏人民出版社 2008 年版。

陈胜云:《否定的现代性——理解阿多诺》,甘肃人民出版社 2005 年版。

傅永军:《法兰克福学派的现代性理论》,社会科学文献出版社 2007 年版。

王凤才:《批判与重建——法兰克福学派文明论》,社会科学文献出版社 2004 年版。

仰海峰:《西方马克思主义的逻辑》,北京大学出版社 2010 年版。

陈士部:《法兰克福学派批判理论的历史演进》,安徽大学出版社 2010 年版。

陈爱华:《法兰克福学派科学伦理思想的历史演进》,中国社会科学出版社 2007 年版。

[德] 于尔根·哈贝马斯:《后形而上学思想》,曹卫东、付德根译,译林出版社 2001 年版。

[德] 于尔根·哈贝马斯:《现代性的哲学话语》,曹卫东译,译林出版社 2011 年版。

[美] A. 麦金太尔:《追寻美德——伦理理论研究》,宋继杰译,译林出版社 2003 年版。

[加] 查尔斯·泰勒:《自我的根源——现代认同的形成》,韩震等译,译林出版社 2001 年版。

[加] 查尔斯·泰勒:《黑格尔》,张国清、朱进东译,译林出版社 2002 年版。

[德] 康德:《纯粹理性批判》,邓晓芒译,杨祖陶校,人民出版社 2004 年版。

[德] 康德:《实践理性批判》,韩水法译,商务印书馆 1999 年版。

[德] 康德:《判断力批判》,邓晓芒译,杨祖陶校,人民出版社 2002 年版。

[德] 康德:《单纯理性限度内的宗教》,李秋零译,邓晓芒校,中国人民大学出版社 2003 年版。

[德] 康德:《道德形而上学》,李秋零译,中国人民大学出版社 2004 年版。

［德］康德：《道德形而上学原理》，苗力田译，上海世纪出版集团2005年版。

［德］康德：《实用人类学》，邓晓芒译，上海世纪出版集团2005年版。

［德］康德：《历史理性批判文集》，何兆武译，商务印书馆1990年版。

［美］罗尔斯：《道德哲学史讲义》，张国清译，上海三联书店2003年版。

［德］马克斯·舍勒：《伦理学中的形式主义与质料的价值伦理学》上、下册，倪梁康译，生活·读书·新知三联书店2004年版。

［英］D. D. 拉菲尔：《道德哲学》，邱仁宗译，辽宁教育出版社1998年版。

亨利·E. 阿里森：《康德自由理论》，陈虎平译，辽宁教育出版社2001年版。

［美］克里斯蒂娜·科尔斯戈德：《规范性的起源》，杨顺利译，上海译文出版社2010年版。

［美］弗兰克·梯利：《伦理学导论》，何意译，广西师范大学出版社2002年版。

［美］列奥·施特劳斯：《霍布斯的政治哲学》，申彤译，译林出版社2001年版。

［英］约翰·穆勒：《功利主义》，徐大建译，上海世纪出版集团2008年版。

［美］维塞尔：《启蒙运动的内在问题——莱辛思想再释》，贺志刚译，华夏出版社2007年版。

［美］卡尔·贝克尔：《启蒙时代哲学家的天城》，何兆武译，江苏教育出版社2005年版。

［德］恩斯特·卡西尔：《卢梭问题》，［美］彼得·盖伊编，王春华译，译林出版社2009年版。

郑昕：《康德学述》，商务印书馆1984年版。

杨祖陶、邓晓芒：《康德〈纯粹理性批判〉指要》，人民出版社2001年版。

周礼全：《黑格尔的辩证逻辑》，中国社会科学出版社1987年版。

邓晓芒：《〈纯粹理性批判〉句读》，人民出版社2010年版。

邓晓芒：《康德哲学诸问题》，生活·读书·新知三联书店 2006 年版。

朱高正：《朱高正讲康德》，北京大学出版社 2005 年版。

黄伟合：《英国近代自由主义研究——从洛克、边沁到密尔》，北京大学出版社 2005 年版。

童世骏：《批判与实践——论哈贝马斯的批判理论》，生活·读书·新知三联书店 2007 年版。

徐向东：《自我、他人与道德》，商务印书馆 2007 年版。

徐向东：《道德哲学与实践理性》，商务印书馆 2006 年版。

徐向东：《自由主义、社会契约与政治辩护》，北京大学出版社 2005 年版。

徐向东：《怀疑论、知识与辩护》，北京大学出版社 2006 年版。

徐向东：《理解自由意志》，北京大学出版社 2008 年版。

徐向东编：《后果主义与义务论》，浙江大学出版社 2011 年版。

徐向东编：《实践理性》，浙江大学出版社 2011 年版。

龚群：《当代西方道义论与功利主义研究》，中国人民大学出版社 2002 年版。

俞吾金、陈学明：《国外马克思主义新编》上、下册，复旦大学出版社 2002 年版。

张志林：《因果关系与休谟问题》，湖南教育出版社 1998 年版。

吴晓明、邹诗鹏主编：《全球化背景下的现代性问题》，重庆出版社 2009 年版。

靳凤林：《道德法则的守护神——伊曼努尔·康德》，河北大学出版社 2005 年版。

［匈］卢卡奇：《历史与阶级意识》，杜章智等译，商务印书馆 1992 年版。

［美］赫伯特·马尔库塞：《单向度的人》，刘继译，上海译文出版社 2006 年版。

［美］刘易斯·贝克：《〈实践理性批判〉通释》，黄涛译，华东师范大学出版社 2011 年版。

［加］本·阿格尔：《西方马克思主义概论》，慎之等译，中国人民大学出版社 1991 年版。

徐崇温：《西方马克思主义》，中国社会科学出版社 2007 年版。

［德］阿尔布莱特希特·维尔默：《论现代和后现代的辩证法——遵循
　　阿多诺的理性批判》，钦文译，商务印书馆 2003 年版。

Theodor W. Adorno. *Negative Dialectics*, translated by E. B. Ashton. London,
　　Routledge & Kegan Paul Ltd. , 1973.

Theodor W. Adorno. *The Jargon of Authenticity*, translated by Knut Tarnowski
　　and Frederic Will. Evanston, Northwestern University Press, 1973.

Theodor Adorno. *Mminima Moralia*：*Reflections On A Damaged Life*, Transla-
　　ted from the German by E. F . N. Jephctt. London, New York, Ver-
　　so, 1974.

Theodor Adorno. *Hegel*：*Three Studies*, translated Shierry Weber Nicholsen,
　　Cambridge Mass：MIT Press, 1993.

Theodor W. Adorno. *The Culture Industry*：*Selected Essays on Mass Culture*,
　　Edited and with an Introduction by J. M. Bernstein. London an New
　　York, Routledge, 2001.

Theodor W. Adorno. *Problem of Moral Philosophy*, Edited Schroder and
　　translated Rodeny Livingstone. Stanford, Stanford University
　　Press, 2000.

Yvonne Sherratt. *Adorno's Positive Dialectic*. Cambridge, Cambridge Univer-
　　sity Press, 2004.

J. M. Bernstein. *Adorno Disenchantment and Ethics*. Cambridge, Cambridge
　　University Press, 2001.

Deborah Cook. *Adorno*, *Habermas*, *and the Search for a Rational Society*,
　　London Routledge, 2004.

Martin Morris. *Rethinking the Communicative Turn*：*Adorno*, *Habermas*, *and
　　the Problem of Communicative Freedom*. State University of New York
　　Press, 2001.

Feminist Interpretations of Theodor Adorno, edited by Renee Heberle. Penn-
　　sylvania, The Pennsylvania State University Press, 2006.

Roger Foster. *Adorno*：*The Recovery of Experience*. State University of New
　　York Press, 2007.

Lambert Zuidervaart. *Social Philosophy after Adorno*. Cambridge, Cambridge University Press, 2007.

Paul Guyer. *Kant's System of Nature and Freedom*. Clarendon Press, 2005.

Allen W. Wood. *Kant's Ethical Thought*. Cambridge, Cambridge University Press, 1999.

Anne Margaret Baxley. *Kant's Theory of Virtue: The Value of Autocracy*. Cambridge, Cambridge University Press, 2010.

Theodor W. Adorno. *Kant's Critique of Pure Reason*. Edited by Rolf Tiedemann. Translated by Rodney Livingstone. Stanford California, Stanford University Press, 2001.

［德］君特·费伽尔：《论非同一物——阿多诺的辩证法》，谢永康译，《求是学刊》2009 年第 1 期。

谢地坤：《从道德的"至善"到道德的"底线"——读阿多诺〈道德哲学的问题〉》，《江苏行政学院学报》2002 年第 2 期。

鲁路：《阿多诺非同一性概念对统治的批判》，《马克思主义与现实》2011 年第 2 期。

张一兵：《自由：实践的辩证法——〈否定的辩证法〉解读》，《南京社会科学》2001 年第 1 期。

王雨辰：《论霍克海默和阿多诺对启蒙道德的批判》，《江汉论坛》2010 年第 12 期。

杨玉成：《后现代语境下阿多诺的现代性哲学》，《厦门大学学报》（哲学社会科学版）2000 年第 3 期。

谢地坤：《道德的底线与普世伦理学》，《江苏社会科学》2004 年第 1 期。

胡绪明、陈学明：《启蒙的逻辑与现代性的秘密》，《学海》2007 年第 5 期。

谢永康：《被误读的阿多诺——否定辩证法与后现代主义关系辨正》，《哲学研究》2007 年第 9 期。

谢永康、侯振武：《实现启蒙自身的启蒙——形而上学批判视域下的启蒙辩证法》，《云南大学学报》（社会科学版）第 9 卷第 4 期。

谢永康：《从"否定性的辩证法"到"否定的辩证法"——阿多诺与黑

格尔——马克思哲学传统》，《社会科学战线》2007 年第 4 期。

陈燕：《一种思辨的理论：阿多诺的社会观》，《浙江学刊》2010 年第 3 期。

于永坤：《解构与重建：阿多诺"否定的辩证法"理论目的的解读》，《理论探讨》2008 年第 6 期。

白刚：《马克思批判的辩证法的时代回响——阿多诺〈否定的辩证法〉》，《天津社会科学》2006 年第 6 期。

邢立军：《阿多诺与总体性的真实关系》，《吉林师范大学学报》（人文社会科学版）2006 年第 1 期。

陈蓓洁：《霍克海默和阿多诺对启蒙精神的批判及其存在论基础》，《河北学刊》2008 年第 5 期。

后　记

　　回顾本书撰写的历程，已愈 6 年，基本上完成于在华东师范大学攻读博士阶段。在母校的日子里，可谓自由、无忧、快乐、留恋……名师们的随和、图书馆的舒适、海派的文化、丽娃河的清柔、文史楼的壮阔，但也有孤独、困惑、紧张……一间单身宿舍、哲学大书、没完没了的思辨。但本书就是在如此生活的两极边缘中逐渐积累所得。

　　从读研开始，就听从哲学系师友的谆谆教导，必须要以康德的天书为自身学问之本。作为哲学史上"蓄水池式"的大师，他涵盖了哲学的各个分部，对他的阅读与理解愈是艰深、难懂、晦涩，就愈是不能自拔。但毕竟我的专业是国外马克思主义研究，康德只能作为研究的基础，而不能作为专业研究方向。读博伊始，在重新思考法兰克福学派的批判理论时，阿多诺的论著吸引了我。他游刃于传统与现代、大陆与英美中的观望洞见，尤其是对康德思想的褒贬不一、举重若轻，真可谓对我的"口味"。作为批判理论的重要旗手，他的思想中处处都有对康德思想的见地，这不免让我吃惊，一个批判理论者为什么用康德作为自己论述的依靠。批判理论的对象是现代西方社会的合理性，而批判理论的理念则是构建一个道德性的社会。所以，我的思考就凝结成研究的课题：阿多诺道德哲学研究。

　　这一研究融入了我的导师郑忆石教授的心血与智慧。国外马克思主义理论是郑老师研究的重要方向，她对国外马克思主义的思想内涵、发展脉络和前沿问题了然于胸，对我的这项研究不但在框架结构上反复与我讨论，而且在初稿之后又反复调整，力求做到精益求精，使我认识到其为学踏实、认真、负责的态度。硕士期间我就跟随郑老师读书，博士期间她更是只教我一人，一直待我如孩子，她的善良、爱心与无私，让我感受到她生活中的美。哲学系的同学曾称她为"郑妈妈"，同门师兄弟也说，郑老师是我们人生路途中的又一"父母"。她为人、为学、为师的楷模形象，终将一直伴我前行。这项研究也受益于在华东师范大学哲学系读书时各位大德的教诲，他们是童世骏老师、郁振华老师、潘德荣老师、高瑞泉老师、陈嘉映老师、俞宣孟老师、安维复老师、来建础老师、潘斌老师、孙亮老师等。博士同学与我无私的辩论为这项研究提供了更为开阔的思想与能量，他们是：文玉林、颜中军、张守永、任俊和洪千里。感谢他们与我一路相伴！

无论是在学习期间，还是在工作之余，对阿多诺思想的思考一直没有放下。外因与内因相互作用，使我继续完善这一研究。来到山东理工大学工作之后，这项研究受到了同仁的关心与帮助，李建民院长多次鼓励我对其做出修改后付诸出版，王环教授反复叮嘱我要继续研究和拓宽方向，谭顺老师、邓晓臻老师、郑炳心老师、鹿锦秋老师、宋超老师提供的思考和智慧对文章的修改可谓"意义重大"。张双书记、滕亮大哥、宗芳老师、朱艳红老师在生活中给予的鞭策、关心与爱护，对我的思考大有裨益。在此，衷心地谢谢你们。我的父母对我无私的爱一直是我积极进取的能量，感谢他们纯洁、质朴的爱！感谢我的爱人——马亚楠，在我人生的重要阶段，给我带来了爱情、亲情和幸福的"果实"，你们是我一生的"港湾"。

时间真如白驹过隙，从毕业到工作已有3年，本是孤身求学的我已集老师和父亲的双重身份于一身。可能人生本该如此，虽各有轨迹的变换，完整收场何尝不是一件乐事，但对学问的探寻只有开始而没有结束，既然选择了她就选择了一个学问的人生。

2015. 8

丁乃顺于瑞贤园